多分そいつ、
今ごろパフェとか
食ってるよ。

Jam
マンガ・文

精神科医
名越康文
監修

sanctuary books

人生って色々ある

嫌な人もいるし

理不尽なやつに
やられて１回休み

理不尽な人もいる

リア充に
心をやられて
1回休み
ゴゴゴ
nekokano 16分
ピッピ大しゅき♡
10
52
@nyanko
ゴゴゴ
また休み…
……

人の幸せが気になったり

周りの目が気になったり

自分を責めてしまったり…

悪口言われている
気がして凹む
3ターン1マス
しか進めない

デブがでさ〜w
ニャー
ニャー
太っている
だね〜〜w
ニャー
ハッ
うわぁあぁあん
走っても
1しか進めない
うおっ
ボワッ

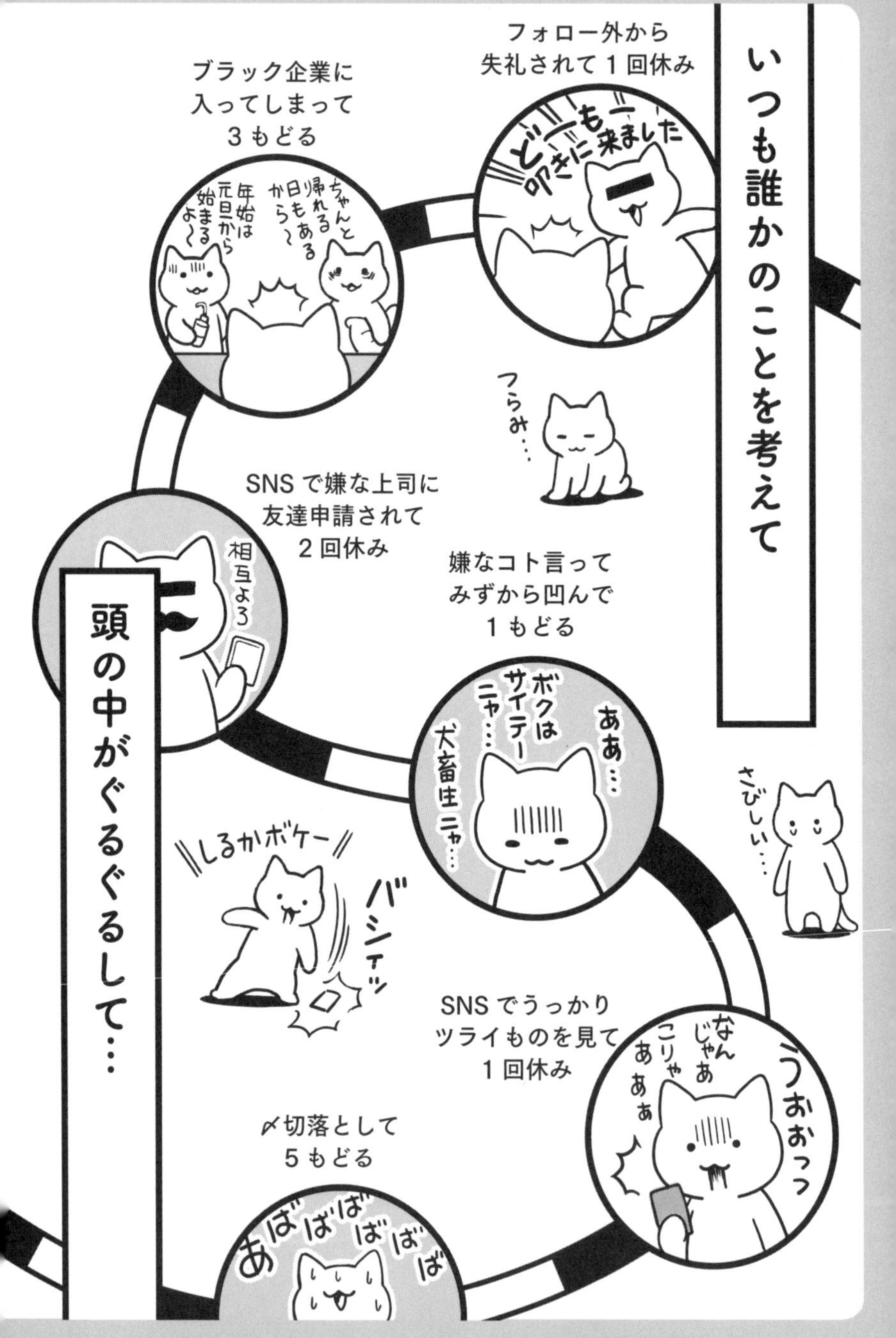
いつも誰かのことを考えて
フォロー外から
失礼されて１回休み
どーもー
叩きに来ました
ブラック企業に
入ってしまって
３もどる
ちゃんと帰れる日もあるから～
年始は元旦から始まるよ～
つらみ…
SNSで嫌な上司に
友達申請されて
２回休み
相互よろ
嫌なコト言って
みずから凹んで
１もどる
ああ…
ボクはサイテーニャ…
犬畜生ニャ…
さびしい…
頭の中がぐるぐるして…
しるかボケー
バシィッ
SNSでうっかり
ツライものを見て
１回休み
うおおっっ
なんじゃあこりゃあぁぁ
〆切落として
５もどる
あばばばばばば

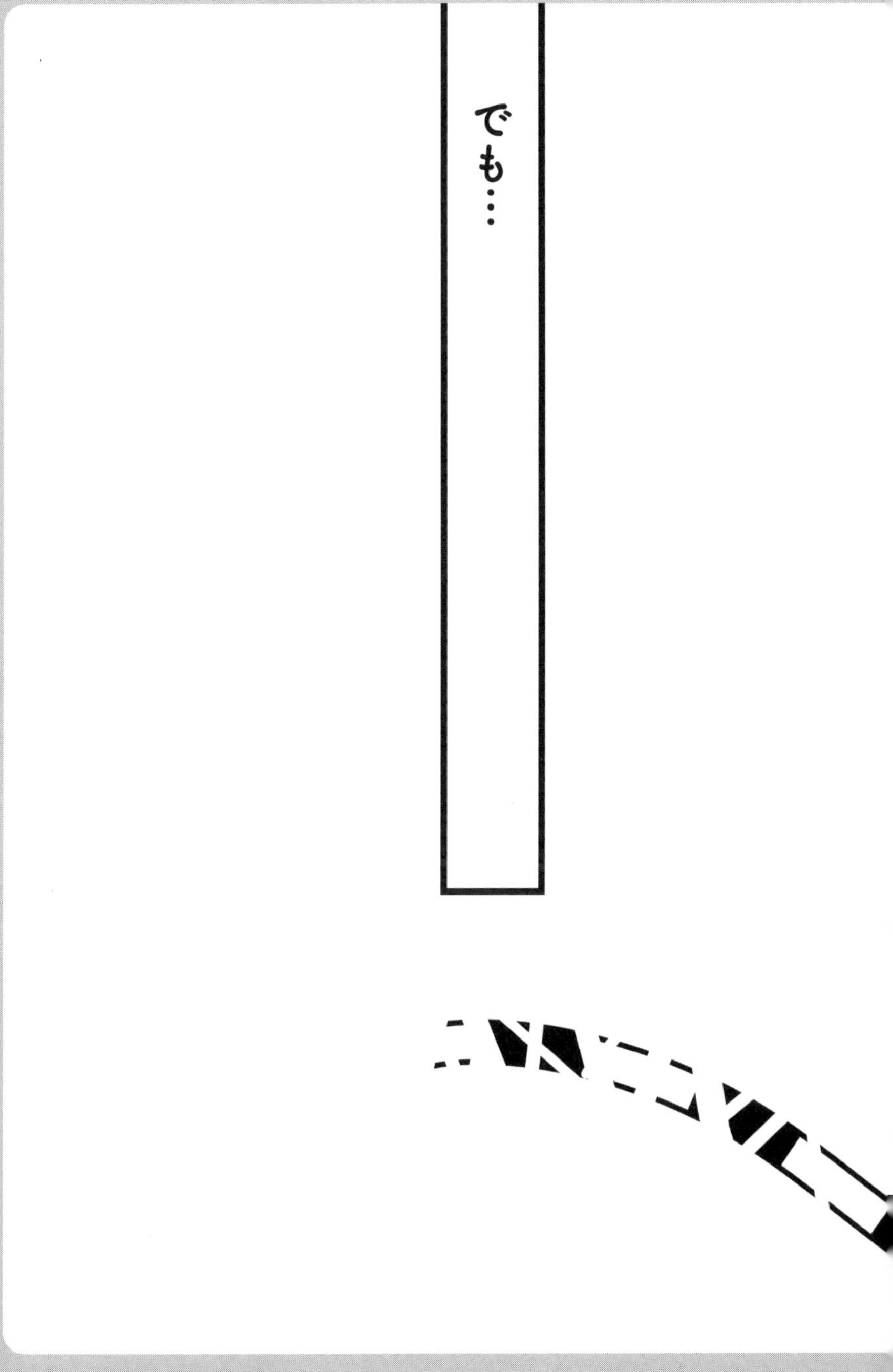
でも…

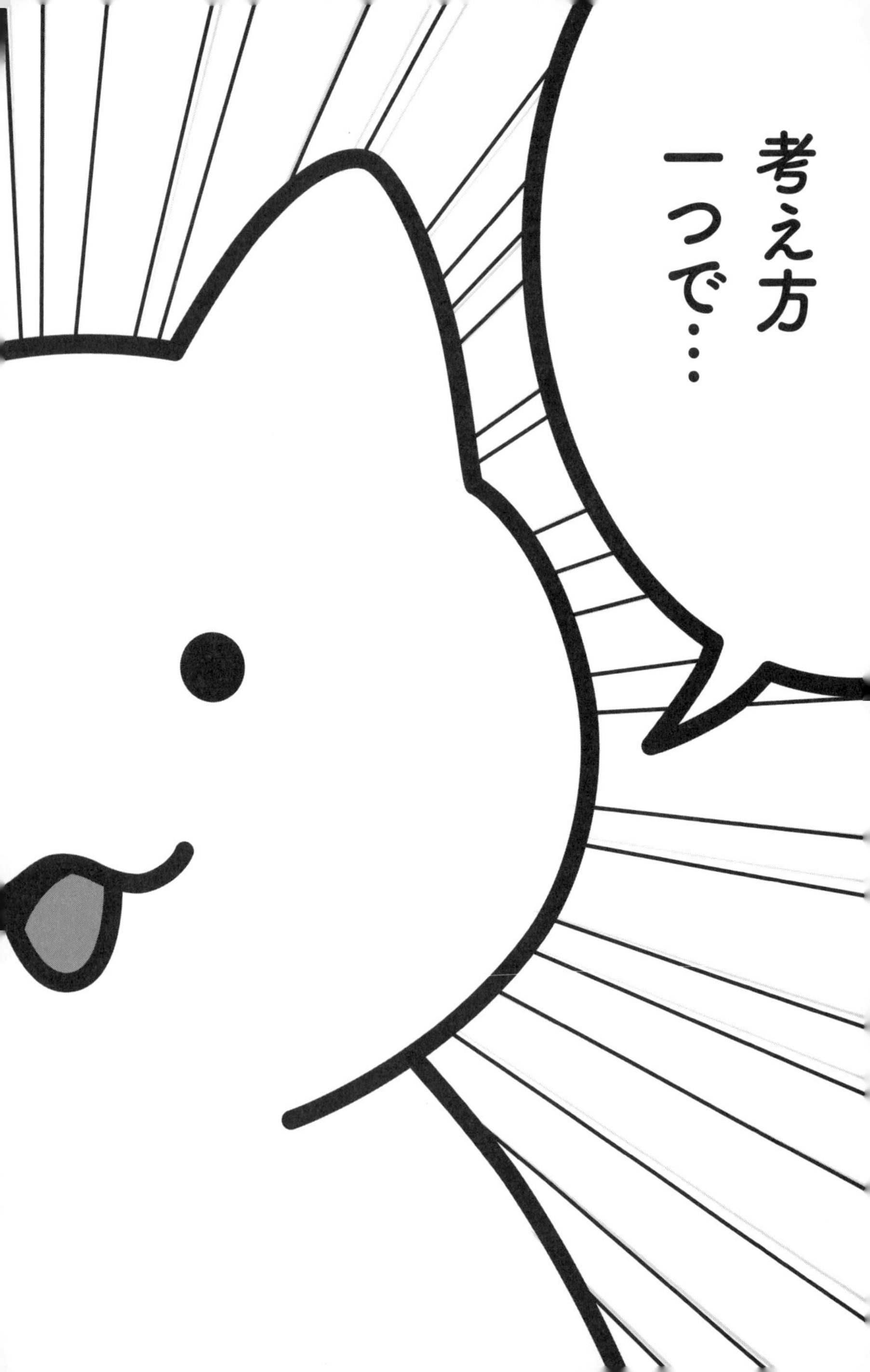
考え方一つで…

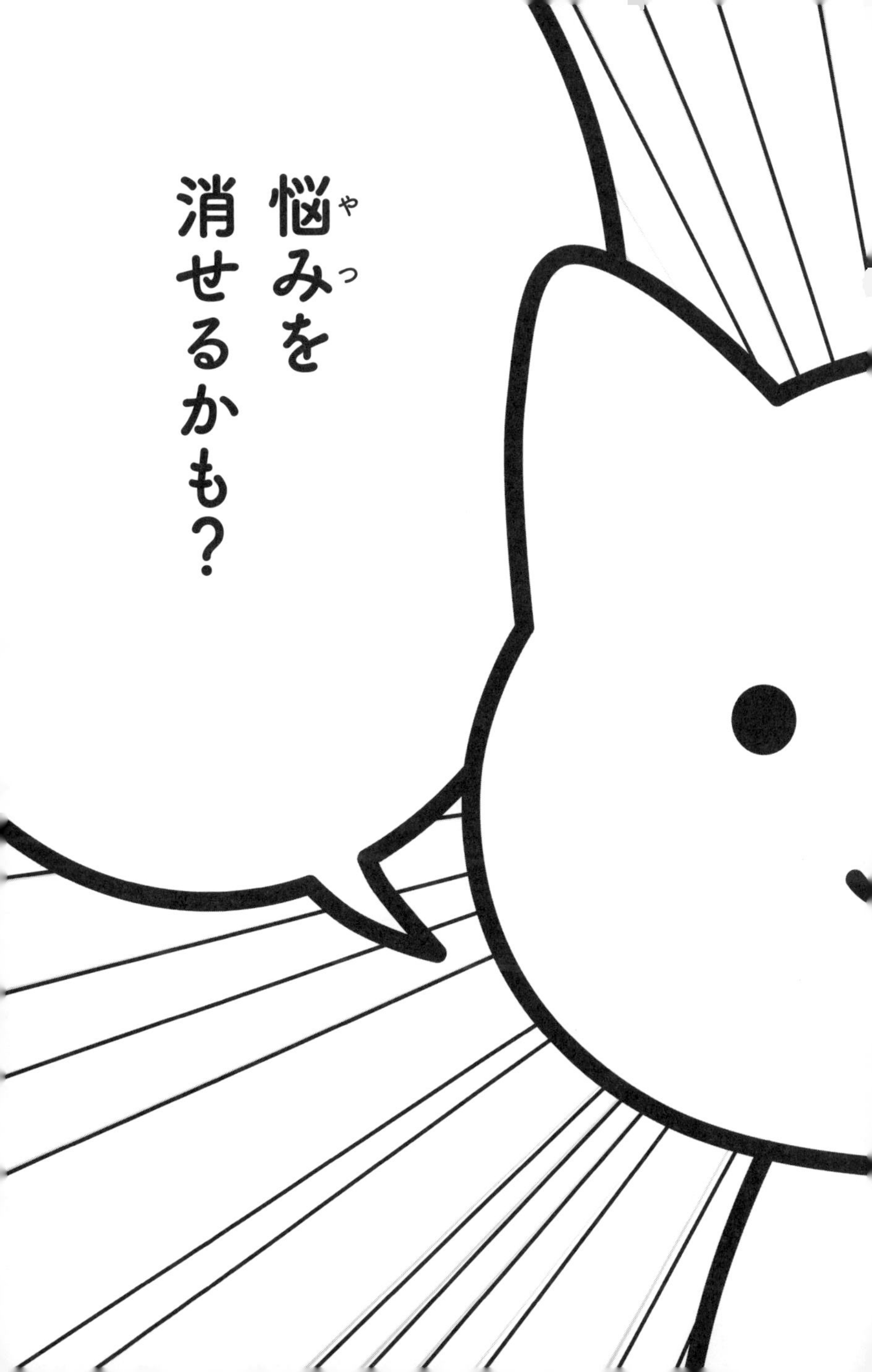
悩み《やっ》を
消せるかも？

はじめに

「お芝居と同じように、人生にも上手な人と下手な人がいるのよ」

そんな名言があります。

私も人生を上手く賢く生きてこられたかというと、どちらかと言えば三文役者でした。

なぜこんなに生きるのが下手なのだろうって落ち込んだ数は計り知れません。
でも、そういう人って沢山いると思います。

お仕事、友人関係、恋人や家族のこと…。
最近はＳＮＳが普及したことで、今まではなかったような悩みも増えたんじゃないでしょうか？

プライバシーもどんどんなくなるし、昔は知っている人としか起こらなかったトラブルも、知らない人とも誰とでもつながれるようになって、今や相手は世界です（笑）。

それ以外に対面での人間関係もあるんですから…。

この時代を生きている人の悩みって、昔の何十倍も多いんじゃないでしょうか？

そりゃあ気持ちだってボコボコ凹みます（笑）。


自己紹介が遅れましたが…はじめまして、Ｊａｍと申します。

フリーでゲームのグラフィックのお仕事の傍ら、マンガやイラストを描いております。


私ってすごく悩みが多い人間でした。

どうにかそのつらさから逃れたくて、心理学や哲学の本を読みあさったり、自力でなんとかしようと、色々な方法を試してはみたんですが、なかなかスッとできず…。

ある時、人間関係で嫌なことがあって悩んでいた私に友人が言ったのが、この本のタイトルにもなっている「多分そいつ、今ごろパフェとか食ってるよ」でした。

思わず「パフェかよ！」ってツッコミを入れて笑っちゃったけど、その瞬間、色々なことが頭の中を駆け巡って、パァァァ…って光が射すみたいにハッとして、

「相手はパフェを食べて楽しめるくらい気にしてないかも」

「こっちだけ悩んでバカみたいだなぁ」

「悩んだ分、相手も気にするわけじゃないんだ！」


ストンと腑に落ちて納得して、悩むのをやめちゃいました（笑）。

専門的な本を読んでもピンとこなかったことも「これだ！」って思いました。

マンガを描き始めたきっかけは、初めは身近な仲間に読んで欲しかったからでした。周りにも心が疲れている人が多かったので、ツイッターに「私はこれで楽になったよ」って載せたら読んでくれるかなって。

それが身近な人だけでなく多くの方から反響を頂いて、びっくりしたのを覚えています。同じように悩んでいる人が沢山いると知り、書き続けるようになりました。

この本には、嫌な気持ちを引きずらないための考え方のコツが、全部で六十四個書かれています。私はなにかの専門家や偉い先生じゃないから、あまり頭のいいことや難しいことは言えませんが、だからこそ気楽に読んで欲しいです。

この本を読んでモヤモヤした気持ちが少しでも晴れて、自分を守るお役に立てれば嬉しいです。

CHAPTER 1

SNSのモヤモヤ

CHAPTER 1

SNSのモヤモヤ

SNSのモヤモヤ

1 リアクションしなきゃいけないことが多すぎる

SNSのコメントへのお返事やフォロー返しなど、全てに対応しなきゃいけないと思うと気持ちが疲れてしまいませんか？　何かを返してくれる人って、自分をかまってくれる人だからますますお返しを求める人が集まってきてしまう。

私はお返しって本当に返したい時だけで良い気がします。

SNSでのメッセージは、送った時点で相手は目的を果たしています。フォローだって相手が見たいからするだけです。みんな自分の都合でやっています。

だから本来、お返しも自分の都合で良いと思います。

お返しって日本ならではの文化ですが、「絶対返さなきゃいけない文化」ではありません。ホワイトデーのお返しをするのも、他の国ではあまりないそうです。

義理人情に厚く、頂いたら返すという文化、私は好きです。

だからこそ義務ではなく、優しさや心の余裕として、返せる時や返したい時だけお返しする。SNSでも、そうであれたら素敵かもしれません。

SNSにお返し文化はなくてもいい

SNSのモヤモヤ

2

既読スルーされて落ち込む

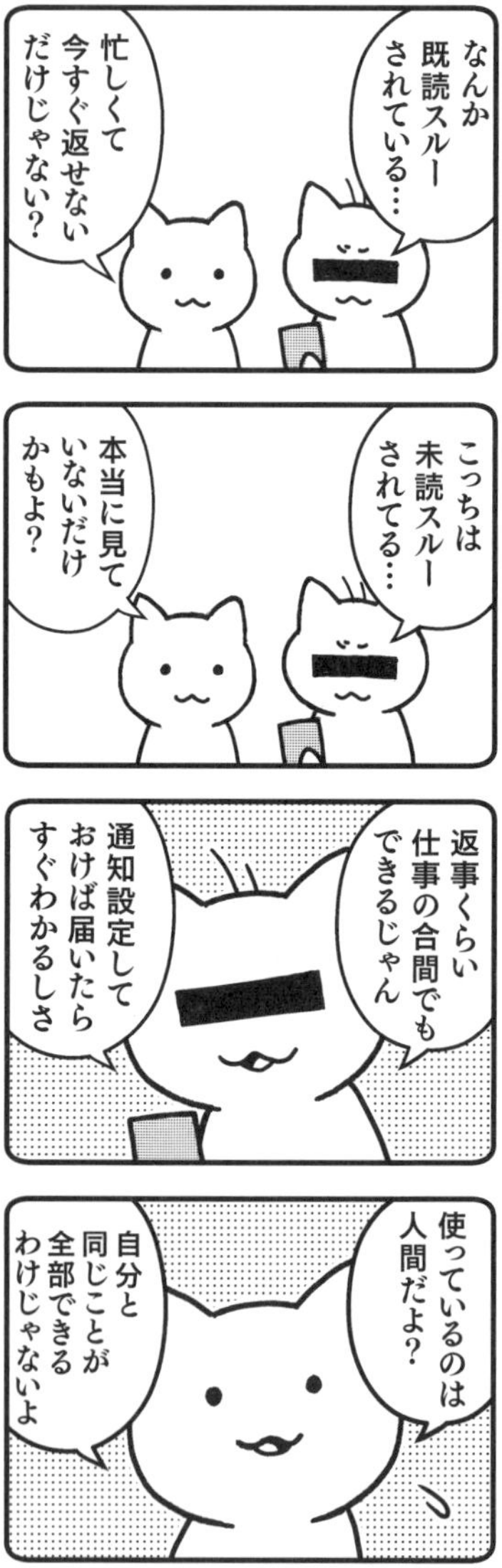

ＳＮＳには相手がメッセージを読むと「既読」と表示されるものがあります。

すぐに確認ができて便利な反面、既読なのに相手から返信がこないと、「無視された」「私のことはどうでもいいんだ」と思ってしまうことがあるかもしれません。

相手に対して不安になったりイライラしてしまう時って、自分ができることを基準に、相手の事情を考えていることが多いのだと思います。

たとえば、いつでも携帯を見られる環境で、まめに返事を返せる人だと「自分はできているのに、どうして相手はできないの？」と考えてしまったり…。

この十数年で、私たちが使う道具は驚くほど進化しました。

でも、どんなに道具が便利になっても使っているのは人間です。

好きな時に携帯が見られない人もいるし、文章を書くのが苦手な人だっています。

だから相手から望んでいた反応がもらえなくても、人の事情まで進化したわけじゃないと思うと、少し気持ちに余裕が生まれるかもしれません。


道具は進化しても、人の事情まで進化したわけじゃない

SNSのモヤモヤ

3

自分の悪口を言われていると感じる

身近な人の意味深な投稿を見て、「もしかしてこれ私のこと？」と不安に感じたことはありませんか？　本人にはその気がなくても、ネガティブな言葉というのは見た人の心をえぐるものです。

そういう時って大抵、その言葉を向けられている相手ではなく、全く関係ない人が気にしてしまうことが多い気がします。

SNSで流れてくる言葉を見るのは避けられませんが、こう考えてみてはどうでしょう？

街を歩いていると、色々な景色が目に飛び込んできます。

でも、ゴミ置場が目にとまったからといって、ゴミを持ち帰る人はいません。

キレイなものも沢山見えるのだから…、そっちを選んで持って帰った方がきっと楽しいです。

だから、SNSでもネガティブな言葉よりも、いい言葉を沢山拾ってみませんか？

持ち主不明のゴミは、無理に持って帰らない

SNSのモヤモヤ

4

理由もわからずブロックされたり、フォローを外される

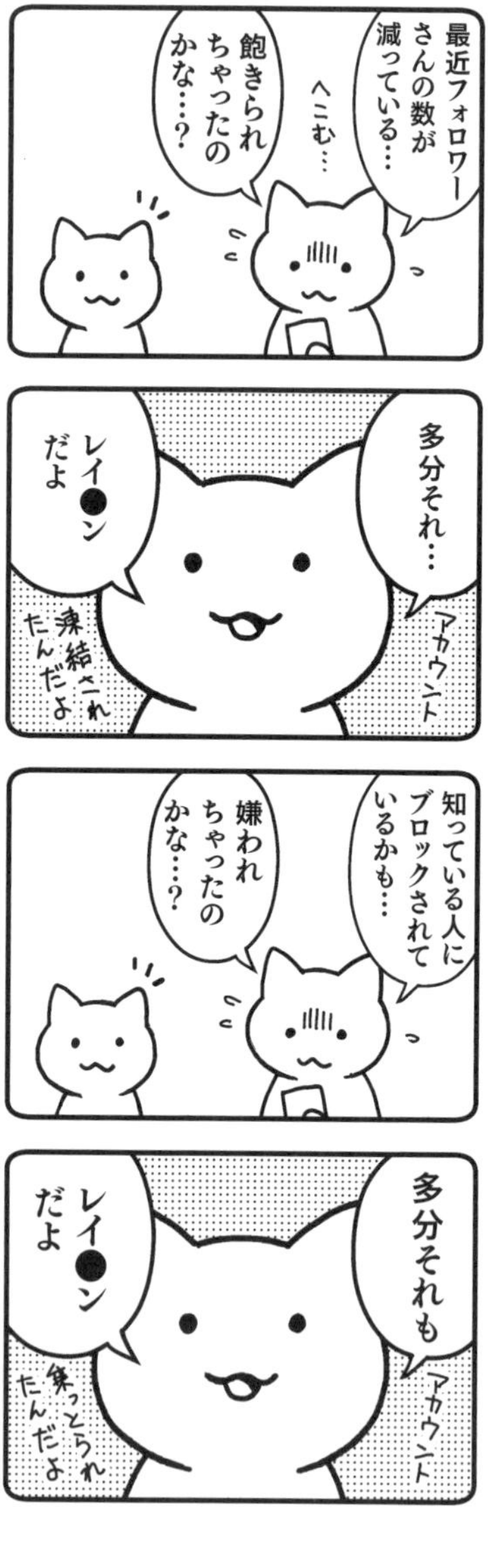
最近フォロワーさんの数が減っている…
へこむ…
飽きられちゃったのかな…？
多分それ…
アカウント
凍結されたんだよ
レイ●ンだよ
知っている人にブロックされているかも…
嫌われちゃったのかな…？
多分それも
アカウント
乗っとられたんだよ
レイ●ンだよ

ＳＮＳって人と簡単につながれる反面、簡単に離れることもできます。

突然ブロックされたり、自分をフォローしてくれていた人が減っていると、相手から一方的に縁を切られたように感じて、嫌われたのかなと落ち込んでしまったり。

以前、私の友人のアカウントが、スパムにのっとられたことがありました。

その時にふと思いました。

ＳＮＳでは本人の意思とは関係なく、システム上のトラブルやちょっとした誤操作など、予想外の理由で交流が途絶えることもあるのだと。

もし何らかのトラブルが原因で交流が途絶えたなら、それは理由がわかった時に対処すればいいことです。だから憶測で不安になる時は、とりあえず「スパムにやられたか…」。

そのくらいに思っておくと、気持ちが少し楽かもしれません。

人とのつながりが途絶えたら「スパムにやられたか…」と思うことにする

SNSのモヤモヤ

5

苦手な人からの友達申請が断れない

会社の人や苦手な人から、友達申請がきて断れないと相談されたことがあります。

全く知らない人ならスルーすることも簡単ですが、日々顔を合わせる人の場合、なかなかそうもいかないと思います。

そこで、断りやすくするための一つの方法として、プロフィールに「身内限定」と書いておくのはどうでしょう？

資格や免許がないと受けられないバイトがあるように、はじめに一つ壁があると、そこに入ろうとする時に、どうしても立ち止まることになります。

相手側も、「自分はそこまで親しい間柄だろうか」と考えるだろうし、「もし断られたら嫌だな」という心理が働くので、少しですが抑止力になります。

それでも突破してこようとする人はいるかもしれませんが、何も予防線をはらないよりは、少しでもその確率を下げられるかもしれません。

「限定」という言葉で、予防線をはる

SNSのモヤモヤ

6

人といる時もSNSが気になる

誰かと会っている時にも、見ている先はお互いの顔ではなくてＳＮＳ…。

そんな状況をよく目にします。

大人数でいる時や、お互い了承の上でならいいのですが、相手が自分に話しかけているのに、心ここにあらずでは、少し失礼かもしれません。

人と会う時って、お互いの都合を調整し、出向いたり招いたりしてやっと会えるんです。一期一会と言いますが、今、目の前にいる人が、次も会えるとは限りません。

私は一人でいる時より、誰かといる時に一人を感じてしまう時の方が、寂しいなって感じます。そう思うと、会っているほんの短い間くらい、目の前の相手のことを見てもいいと思うんです。目の前にいる人をそこにいないことにしてしまうのは、とても悲しいことだと思うから…。

ＳＮＳは一人の時でも見ることができます。

でも今、目の前にいる人は、明日はもう会えないかもしれません。

「目の前にいる人を透明人間にしてまで見なければいけないこと？」と自分に聞いてみる

SNSのモヤモヤ

7

SNSを見るのがやめられない

ＳＮＳには、たばこやアルコールのように中毒性や依存性があるそうです。嗜好品も度が過ぎれば身体に悪いように、ＳＮＳもハマりすぎると心や身体の健康に影響が出てしまうとか…。

ＳＮＳがやめられないのって、私は無料で使えてしまうことが原因の一つだと思います。課金中毒という言葉をご存知でしょうか？　最近のスマホのゲームってお金を追加で払うことでゲーム内で使えるものが買えちゃうんです。本来ならば節度を守って遊ぶのですが、それにハマって課金をやめられなくなることを言います。そしてやめられた人の理由の多くは「お金を失いすぎたから」でした。

だからＳＮＳも登録は無料だけど、課金があると思って自分なりの制限をかけてみるのはどうでしょう？　たとえば「見ないと決めた時間に見たら百円」とか、時間をお金にかえて数字が見えると「失った時間」がはっきり見えます。

この場合のお金は貯まるだけなので、ＳＮＳよりも楽しいことに使えるはずです。

SNSに費やした「時間」を「お金」にかえてみる

SNSのモヤモヤ

8

人の幸せや成功に嫉妬してしまう

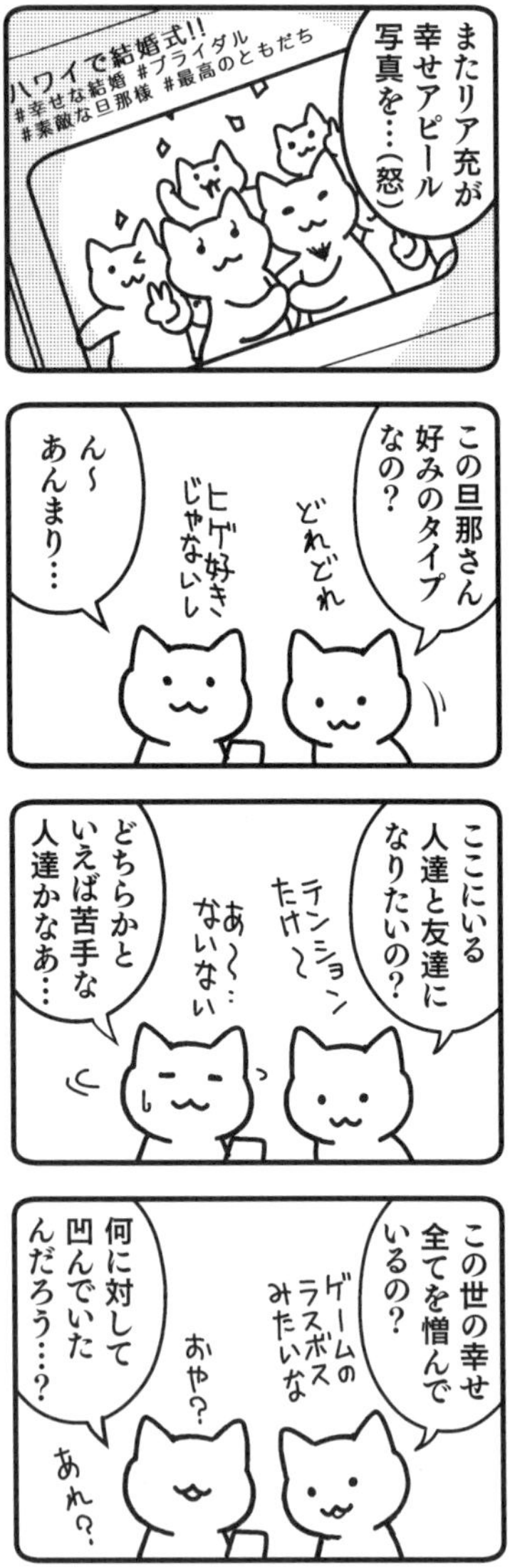
またリア充が幸せアピール写真を…(怒)
ハワイで結婚式!!
#幸せな結婚 #ブライダル
#素敵な旦那様 #最高のともだち
この旦那さん好みのタイプなの?
どれどれ
ヒゲ好きじゃないし
ん~あんまり…
ここにいる人達と友達になりたいの?
テンションたけ~
あ~…ないない
どちらかといえば苦手な人達かなあ…
この世の幸せ全てを憎んでいるの?
ゲームのラスボスみたいな
おや?
何に対して凹んでいたんだろう…?
あれ?

ＳＮＳでは、相手の近況を簡単に知ることができます。でも時には、自分がそんなに知りたいと思っていなかった情報も沢山入ってきます。

たとえば、友達の幸せそうなリア充写真を見て、「いいね」を押したくない気持ちになったり、仕事で自分と同じくらいだと思っていた人が大活躍していて焦ったり、昔の恋人が今も楽しそうにしているのを見てへこんでしまう…。

そういう悩みを沢山聞きます。

人と自分を比べて落ち込んだり、嫉妬したり、劣等感を抱いてしまうと、結局そう思う自分自身を嫌いになってしまいます。

私も時には劣等感や嫉妬心を抱くこともあるので、その気持ちはわかります。

主に作品を作る上で多いのですが、誰かと比べてずっと下手な自分に落ち込んだり、一気に有名になった人を見て華々しい成果に圧倒されたり…。

でも、ある日思いました。うちはうち、よそはよそでいいんじゃないかと。

突然ですが、四葉のクローバーって幸せの象徴だと言いますよね。

でもその四葉にも色々な形があって、完璧な形の四葉もあれば少し歪んだ形もあり、それでも幸せの象徴であることに変わりません。

つまり、幸せの形って人それぞれなんです。


ある時、人の幸せに対して自分が何をそんなに嫉妬しているのか、冷静に考えてみました。もしあの人と私の中身が入れ替わったら…。

意外とそこまで幸せじゃないなと思いました。

素敵な旦那さんがいても自分のタイプじゃなかったり、楽しそうに笑う人達の輪に自分の性格じゃなじめそうもなかったり…。

自分と人の幸せの形が、完全に一致することってないのだと思います。


それに、SNSで見る部分って氷山の一角で、一番キレイな部分だけってことが多いです。映画で言えばハイライトの部分です。主人公が波乱万丈な映画でも、一番いいシーンだけ抜き出して途中のシーンをカットしてしまえば、いい部分しか見えません。

そこには写っていないだけで、そのキラキラとした一枚の写真になるまでに本人はすごく大変な思いをしたり、陰では血のにじむような努力をしてきたのかもしれません。

そこに至るまでの過程を知ったら、「絶対に代わりたくない！」と思うかもしれません。

だったら人の幸せを羨ましがる間に、自分の幸せの為に頑張る方が早く幸せになれるかもしれない。そう思いました。

SNSで目に見える幸せは、映画のハイライトだけ見ているようなもの

SNSのモヤモヤ

9

人の自慢話にイライラする

SNSでは、声を大にして自分の自慢や主張やアピールをしたがる人がいます。そういう投稿を目にしては、「わざわざ書かなければいいのに！」といちいち反応したり、イライラしてしまうことはありませんか？

嫌なものを本当に見たくない人は、多分、見かけたらその場で閉じます。だから閉じずにそのまま見続けてしまう人は大抵の場合、否定しつつも、自分がそれを求めているのだと思います。

「忙しいアピール」を見る人は仕事に不安があったり、「幸せ自慢」を見る人は将来に焦っていたり、「愚痴大会」を見る人は自分も本当は言いたかったり…。

他にも…それを書いている相手が、自分より劣っていると優越感を持つことで安心していませんか？

相手は自由に書いているだけです。自分も自由に見るものを選べます。

イライラするために、見る選択をしているのは自分です。

イライラするものを見ているのは自分

SNSのモヤモヤ

10

「いいね」が沢山欲しい

ＳＮＳのおかげで、自分の好きなことを何でも発信できるようになりました。投稿した内容に反響をもらうことで、多くの人に自分のことを知ってもらえるようになったり、新たな活躍の場を得たという話も沢山聞きます。

そういった目的ではなくても、自分が発信したものに反応をもらえると嬉しいですよね。「いいね」の数字が増えるほど、共感してくれる仲間が沢山いるような気持ちにもなります。

でも、それが度を越してしまうと、毎日数字をチェックしたり、自分をよく見せるためにオシャレな場所に行って、ネタを集めて演出したり…。

そして、「いいね」の反応が少ないと原因を考えてへこんでしまったり…。

でも、たまに思うのです。数字ってわかりやすいけど、けっこういい加減だなって。

たとえば、ＳＮＳで有名な人がリアクションすると、ものすごい勢いで拡散されます。

中には、「これ、そんなに面白いかな？」と思うものが、突然話題になることもあります。

「いいね」を押す時に、すでにいくつ「いいね」がついているか確認しちゃうことってありませんか？　日本人的な考え方ではありますが、誰も手を挙げてないうちって、自分だけ手を挙げにくいんです。

でも、すでに沢山の人がいいと言っていると、便乗しやすい。


それに、SNSは種類によっても「いいね」が集まる傾向が変わります。たとえば、大衆娯楽的なツイッターと、オシャレな写真が並ぶインスタグラムでも、「いいね」が集まる人気の内容は全然違います。


もちろん、純粋に高い数字を得て評価される人は沢山います。でも、これらの色んな要因が合わさって増えたり減ったり、SNSの種類によっても変わっちゃう数字です。

その為に原因を考えてへこんだり、演出の為に日常をふりまわされてしまうのは、毎日がもったいなくありませんか？

日常で周りの人から「すごいね」って褒められたり、認めてもらった時、その笑顔の下に数字や「いいね」は見えませんよね。

本当の「いいね」って目に見えない時にこそ沢山あるのだと思います。

本当の「いいね」は、目に見えない

SNSのモヤモヤ

11

知らない人から攻撃される

SNSで自分から何かを発信するのって、個展に似ていると思います。何かを発表したり、それに対して反応をもらえたり。でも時には突然知らない人に攻撃されて、まるで当たり屋に遭遇したような不条理を感じます。

匿名での中傷は、つい大目にみたりガマンしてしまうことが多いと思います。でも、日常で突然、覆面の人が現れて攻撃してきたら、それは立派な犯罪です。言葉の刃物も人に向ければ凶器で、決してネットの中の世界の出来事ではなく、攻撃されているのは今ここにいる自分なんです。

私はネットで攻撃された時は、突撃アポなし芸人が来たと思うことにしています。芸人が色んな芸能人をドッキリで驚かして、その反応を見て楽しむ番組です。あれ、仕掛けられた側の反応が悪かったり、バレちゃうと突撃失敗なんですよね。ネットで攻撃してくる人も、スルーされると他へ行ってしまうことが多いです。なので「突撃失敗！」でお帰り頂くのがよいかもしれません。

匿名での攻撃には、「突撃失敗！」でお帰り頂く

SNSのモヤモヤ

12

何を言ってもつっかかってくる人がいる

「色んな人がいるしね」と受け流す

たまに、こちらが発言したことに、わざわざつっかかってくる人がいます。

真に受ければ疲れるし、理由を考えても答えが出ないことが多いです。

なぜなら「何を言っても気に食わない人」は一定数いるからです。

「自然が多い場所で暮らしたい」と言えば「自然をなめるな」という人もいるし、「人混みは苦手」と言えば「社会不適合者」という人もいます。

特に匿名だと、好き勝手に言いやすいのかもしれませんが、それはもう、「色々な人がいるしね」と流すことが大事だと思います。

ちなみに、私は匿名にはいい部分もあると思っています。

何かいいことがあった時、日常でわざわざ言うのは恥ずかしいけど、ネットで匿名だと、それがサラッと言えたりします。

言われる側も嬉しいし、ちょっとドキドキします。

匿名での発言で、みんなが幸せな気持ちになれたら嬉しいですよね。

SNSのモヤモヤ

13

SNSに書かれてることが、全部自分のことに感じる

ＳＮＳでも普段の生活でも、誰かが話したことを、自分が言われたように感じて異論を唱えたがる人が増えた気がします。

以前、ネットにエッセイを載せたところ、全く面識のない人から「そんな風に言われたくありません！」と突然批判をされて驚いたことがあります。

普通なら、たまたまネットで人の体験談を見ただけの話なのですが、読む人の中には、読んだものを自分が言われたように感じてしまう人がいるようです。

人の話を我がごとのように感じられるなら、根は優しい人なのかもしれません。

でも、その人に向けて書いたものではないので、言われた方はちょっと困ります。

ネットで見たことに感情が湧きやすい理由として、スマートフォンという端末自体に原因があるのではないかという話を聞いたことがあります。

今は仕事でもプライベートでも、スマートフォンさえあれば、自分宛のメッセージをいつでも見ることができてしまう環境です。

そのため、たとえそれが自分に向けられていないものでも、スマートフォンを通して見ると、ネットの記事でも人のSNSのちょっとしたつぶやきでも、全て自分宛に書かれていると感じやすいそうです。

たしかに、ふと思い出すと、自分も誰かの意味深な投稿を見て、「私の悪口かな…？」と気にしてしまったことがありました。

名前を伏せて悪口を言っている人がいると、心当たりがなくても、自信を持って「私は違う」と言い切れないものだなって。

人って、明確な宛先がないネガティブなものを見ると、自分のことのように感じやすいのかもしれません。

似たようなもので思い出すのが、ひと昔前に流行った「不幸の手紙」です。

突然、「この手紙を受け取った人は、何人かに同じ内容の手紙を送らないと、最後に受け取った人が不幸になる」と、不安をあおる内容が送られてきます。

あれも、送り主も知らず、どんな不幸になるかも書いてないのに、「受け取った人

＝私が不幸になる！」とすんなり受け入れて、不安から逃れるために自分も手紙を送って広げてしまったり。

でも、どこかで誰かが「私のことじゃない」って止めてしまえば、そこで止まるし、そもそも受け取る必要がないんです。

そう思うとＳＮＳも同じで、宛名のない不安を自分宛にしなくていいし、逆に、突然「私が受取人です！」って絡んでくる人は「どちら様ですか？」ということがほとんどです。

「君の話はしていない」

それくらいのノリで流していいんじゃないかと。

宛名のないものは、自分宛にしなくていい

SNSのモヤモヤ

14

ネガティブな言葉ばかり目につく

何かを当たり前にするには、思うような結果が返ってこなくても、続けていくことが大事なのだと思います。

形こそありませんが、毎日の生活の中で交わす言葉も例外ではありません。

特に、ＳＮＳで流れてくる言葉は、必ずしもいいものばかりとは限りません。

愚痴や悪口のような「言葉の不法投棄」が転がっていたかと思えば、匿名による「言葉の通り魔」に襲われることもあります。

ＳＮＳではよくあることかもしれないけど、それが当たり前は嫌だなと思います。

正直、自分だけがいい言葉を発しても、悪い言葉が返ってくることの方が多いかもしれません。それでも、受け取りたい言葉を送るのが大事だと思います。

自分が発する言葉だけは選べます。

人生の中で何を当たり前にしていきたいのか。

選ぶのは自分です。

自分が発するものは、ポジティブな言葉を選べる

SNSのモヤモヤ

15

情報に乗り遅れたくない

SNSを見ていると、毎日色々な情報が流れてきます。

でも、全部が自分にとって興味のある話題ではなく、時には見たくもない情報を目にすることもあります。

誰かの心ない言葉で炎上していたり、それをみんなが怒ったり、マウンティングしあったり…。見ていてとても疲れます。

話題に乗り遅れないようにと四六時中チェックしても、ネガティブな情報は対岸の火事が多く、「今すぐ」知らなくても大丈夫なものが多いです。

野次馬のように駆けつけても、自分ができることはあまりなかったはずです。

大事なのは、無理してまで全てを見なきゃいけない状況を少しでも減らすこと。

少しの間情報に乗り遅れても倒れたりはしないけど、一度心が疲れてしまうと元に戻るのにはとても時間がかかります。

必要なら、元気な時に見ればいいんです。

「今すぐ」知らなくても、大体のことは問題ない

SNSのモヤモヤ

16

SNSでのキャラで人を判断してしまう

SNSの中では、いつもと違うその人の姿が見えることがあります。

日常で優しいと思っていた人がSNSでは周りを不安にさせることばかり言っていたり、怖いと思っていた人がSNSでは親身に人の相談に乗っていたり。

SNSで出会った知らない人に対しても、その人の投稿を見て「こういう人に違いない」と思っていたら、実際は全然違ったなんてこともあります。


私たちは、沢山の人の情報を見られるようになりました。

しかし、自分では把握できているつもりでも、その情報を処理しきれず、細かな部分の記憶があいまいになったり、それを見た時の感情だけが残ってしまうことがあるそうです。


たとえば、SNSで悪い印象を受けると、その人に本当はいい所があったとしても嫌な感情だけが残り、その人を「嫌いな人」のカテゴリに入れてどんどん嫌いになってしまったり。

逆に、SNSでの発言でいい印象を受けると、その人が本当はどういう人か知らないのに「好きな人」のカテゴリに入れてどんどん好きになったり…。

「SNSでの本人」と「日常の本人」が同じ場合も、もちろんあります。でも、実際は違うことが多いし、日常だけでもSNSだけでも人の本質はわかりません。

SNSだけで判断して、本当は日常でわかり合えたかもしれない人や、仲良くなれたかもしれない人を見誤ってしまうかもしれない。

それはとても、もったいないことだと思います。

SNSでは、キャラを作っている人もいます。日常より少し気が大きくなってしまう人もいるし、本心を書かない人も沢山います。

だから、私は実際に目で見たその人を「今のその人」だと思うことにしています。

その人が本当はどんな人かなんて、本人にしかわからないのですから。

目の前にいるその人が、自分にとって本当のその人

CHAPTER
2

人間関係のモヤモヤ

人間関係のモヤモヤ

17

嫌な人や苦手な人がいる

あの人はいい人、あの人は悪い人。

それって何を基準に決めているのだろう？　と考えたことがあります。

同じことを言われても、感謝できることもあれば、カチンとくることもあります。

その日の気分で感じ方が変わることもあるし、憎むほど嫌いな人も、ある人にとっては無二の友人だったりします。

その人のことをジャッジできるのは、あくまで自分が知っている範囲だけです。

そう思うと、いい人悪い人とは、「今の自分にとって」都合のいい人悪い人なのかもしれません。

私は悪い人ばかり会うなと思った時は「今、自分はどんな状態？」と立ち止まることにしています。

環境が変わったとか…、気持ちが疲れているとか…。

もし、心当たりがあるならそれも原因の一つかもしれません。


いい人悪い人は「今の自分にとって」都合のいい人悪い人

人間関係のモヤモヤ

18

人からの嫌な言葉に傷つく

嫌な言葉は呪文だから、気にしなければ効かない

言葉は時に、ものすごい猛威を振るいます。

私は「言葉の毒」を感じやすい方なのですが、ある日友人にこう言われました。

「嫌な言葉は呪文だから、気にしなければその魔法は効かない」と。

私の本職がゲームのデザイナーということもあり、とてもしっくりきました。

嫌な言葉というのは、ゲームの世界での「魔法の呪文」によく似ています。

魔法というのはどんなに強い呪文でも、当たらなければ効きません。

嫌な言葉もそれと一緒で、自分がどう受け取るかでダメージの大きさが決まります。

一番深刻な形で受け取って大ダメージを受ける必要はありません。

嫌だな…と感じたら、かわしたり逃げたりして当たらないようにすることが大事です。

ちなみに魔法には人を傷つける呪文だけでなく、人を癒す呪文もあります。

どうせ言葉の魔法を使うなら、人を癒す魔法の方がいいと思いませんか？

人間関係のモヤモヤ

19

理不尽な目にあって、忘れられない

人間関係で嫌な思いをして、モヤモヤを引きずることがありました。

心理学の本で、嫌なことをした相手は何をしたかも覚えていないことが多いから、考えるだけ無駄だと学んだけど、なかなか気持ちを切り替えられるものではなく…。

そんな時、友人から言われたこのひとことは、妙な説得力がありました。

「多分そいつ、今ごろパフェとか食ってるよ」

その言葉を聞いた時、嫌な相手のためにどんなに真剣になっても、自分が気にした分だけ、相手も真剣に自分のことを気にしてくれるわけじゃないんだと、ハッとしました。

真剣になるのは、自分にとって本当に大事なことの為だけでいいんです。

恋するように、寝ても覚めても、嫌な相手のことを考える必要はありません。

「今ごろパフェとか食ってる」

なぜか心がスッとする魔法の言葉です。

「今ごろパフェとか食ってる」とつぶやいてみる

人間関係のモヤモヤ

20

嫌な人への怒りがおさまらない

トラブルがあった時は、きちんと相手に気持ちを伝え、その都度解決していくのが一番ですが、人生ではそうもいかない時があります。

社会的立場で逆らえない人だったり、怒ると暴力を振るうタイプの人だったり。

私はそういった人のことは、できるだけ早く忘れてしまうことにしています。

問題の直接の解決にはなりませんが、まずは心の平穏を保たないと、自分が壊れてしまうからです。

怒りを抱えている時って、自分の頭の中では相手と戦っているイメージなのですが、実際はシャドーボクシングで自分だけが頭の中で架空の相手と戦っています。

しかも、自分にとって一番嫌な姿で思い出すので、傷つけられた言葉を何度も思い出したり、本来そんなに強くない相手だったのに、ものすごい強敵になってたり。

そして大抵は、実際よりも嫌なやつになっています。

そうやって怒りをためこむうちに、仕返ししたい気持ちになったり、同じ目にあわせたいと思ったり、罰が当たればいいのに…とか、こうなるともう呪いです。

人を呪わば穴二つといいますが…はけ口のない怒りは、やがて、そういうことを考える自分に戻ってきます。

人の不幸を願ったことに対して罪悪感を抱いたり、やり返せないタイプの人は、人より自分を責めてしまうことが多い気がします。

仮に相手に同じことをやり返せたとしても、心底スッキリはしないと思います。なぜって、それは自分が嫌だったはずの嫌なやつそのものだから。

今まで憎んで恨んでしまった分、今度は自分にそれが返ってくると思うと、とても怖くなると思います。

嫌なやつのために、自分を傷つけたり、同じように嫌なやつになる必要はありません。

だから嫌いな人のことは、できるだけ早く忘れてしまうのが良いと思います。

どうやって忘れるかは人それぞれですが、私の場合は許してしまうことが多いです。

色々試したのですが、それ以外のどの方法をとっても、心のモヤモヤが晴れませんでした。
もちろん、嫌な相手を許すことには、抵抗もあると思います。
でも、まず逃げるために、相手を許す自分を許すと思うと、少し気楽かもしれません。
相手のためでなく、誰のためでもない、自分のために。

嫌な人のことは、自分のために忘れる

人間関係のモヤモヤ

21

嫌な人のことをずっと考えてしまう

嫌な人のことで頭がいっぱいになって、何も手につかなくなることがあります。よく楽しい時間はあっという間に過ぎていくというけれど、嫌なことを考えている時間というのはものすごく長く感じるものです。

モヤモヤしたり、思い出すたびにイライラして沢山の時間を使っちゃったり。それが、人生の中の貴重な時間を食い潰していると思うと本当にもったいないです。とは言え、嫌な人のことってそう簡単に忘れられませんよね。

そこで、自分の時間を大事に使うためにこう考えることにしました。

「家の中のいらないものを置いている場所にも、家賃は発生してるよ。ゴミに家賃を払うの？」と。

掃除が苦手な人がよく言われる言葉ですが、これを聞いた時に、確かにと思いました。

いらないものがなければ、本当に置きたいものを置けるし、部屋もキレイになるのに、その場所の分にまでわざわざ家賃を払ってるんですから。

だから、嫌な人もそれと一緒だと思うことにしました。


「いつまで心の中に嫌なやつの居場所をあげるの？　ずっと一緒に住むの？」って。


心の中に常にいるって、寝ても覚めても一緒にいるようなものです。

自分の家に、嫌いな人が一緒に住んでいると考えてみて下さい。

いなければ毎日健やかな気持ちで過ごせるのに、その人が住んでいる一角の家賃まで自分が払わされている。早く追い出したくなりませんか？


ゴミと違って物理的に掃除をして捨てれば、すぐに追い出せるわけではありませんが、いつまでも放っておくより、「よし、追い出すぞ！」と覚悟を決めることが大事です。

「頭の中がいっぱいでつらい…」と被害者の気持ちのままでいるのではなく、「あなたの部屋はありませんから！」って何度でも追い出し続ける。

受け身の被害者に慣れてしまうとずっとそれが続きます。

毎日繰り返してきたことは、やがて自分にとっての当たり前になります。

嫌な相手を変えることはできませんが、自分の心の持ち方をちょっとだけ変えてみることで、ダメージを受け取らずに済むかもしれません。

嫌な人のことを考えるのは、
一緒に住んで家賃を払ってあげてるのと同じ

人間関係のモヤモヤ

22

離れたくても離れられない人がいる

世の中にはどういうわけか、切っても切っても縁が切れない人がいます。

そういう人から離れるために使った労力は、ことごとく無駄に空回りすることが多く、持って生まれた体質と同じくらい諦めるしかなくて…。

そういう人は、自分にとってアレルギーのような存在だと思うことにしました。

花粉が舞い散る季節のように、そこにいるだけでつらい反応が出てしまう。

治すのは困難だけど、よく知ることで発症を抑えるために対策することができるからです。

私はアレルギーを持っているのですが、以前は知らずに食べては体調を崩していました。アレルギーというのは限度量をこえると危険だと聞き、早くわかって良かったです。

ストレスを抱える人間関係も、長く続ければ蓄積で身体を壊すことがあります。

相手の行動や対処法を知ることで、ダメージを減らせるかもしれません。


苦手な人のことは、持って生まれたアレルギーだと思う

人間関係のモヤモヤ

23

どうしても合わない人がいる

自分と合わない人は、幸せ担当が違うだけ

つい一つの場所や人にこだわって、無理な人間関係を続けてしまうことがあります。

私はどうしても自分と合わない人や場所というのはあると思います。誰が何が悪いわけでなく、ただ「合わない」だけ。そこで、お互いが幸せになれるかという意味で、合わない人は「幸せの担当」が違うのだと思うことにしました。

苦手なAさんにはAさんの幸せの担当の人がいて、私にも別の担当の人がいる。

相手を嫌いになって離れていくより、「別の誰かと幸せになって下さいね」って離れていく方が気持ちがいいし、罪悪感も抱えずに済む気がします。

「あんなやつの幸せなんて願えない！」と思うかもしれませんが、「不幸になれ！」と思って離れると、いつまでも相手のその後が気になって、結局気持ちが離れられないことが多いんです。

それに、本当に縁がある人は、離れてもまたどこかでつながることもあります。

また担当が変わることもあると思うと、少しは気楽に今いる場所を選べませんか？

人間関係のモヤモヤ 24

ワガママな人に振り回される

今まで何でも許してくれた人が…
もうムリ…
えっ!?
突然、許してくれなくなる時
今まで何も言わなかったのに…!
何で突然ダメになったの!?
突然じゃあないよ
君にとっては突然かもしれないけど
ずっとずっと言えなかったことを…
今やっと言えただけなんだ

突然と言うのは実はあまりなくて、それを突然に感じてしまう側に問題があるのだと思います。特に付き合いが長くなると、親しさとワガママの境界があいまいになることが多く、「頼めば何でもやってくれる」「謝れば許してくれる」…。

思うに、突然と感じる人の「突然」は「そんなの全然気づかなかったよ」ではなく、「今まで許してくれたことを突然許してくれなくなった」なのかもしれません。

たまに、この話をすると「ガマンをためる前に言えよ！」と怒る人がいますが、ガマンをしなければいられない場所にずっといなきゃだめでしょうか？

たとえ、片方が一方的に悪くても、「自分の都合で人を変える権利」はどちらにもありません。

相手は変えられないけど一緒にいたい相手を選ぶことはできる

でも、自分が一緒にいたい人は選んで変えることができます。

お互いが心地よく過ごせる相手を選んでも良いのではないでしょうか？

私も長い付き合いが増えてきたので気をつけたいです。

人間関係のモヤモヤ

25

無理な頼みごとをされて断れない

何度断っても、無理な頼みごとをしてくる人っています。

私も長い付き合いの中でこういうタイプの人がいました。

何を言っても「他に頼む人がいないから！」と強引に押しつけてきたり、しまいには「もうこれだけでもいいよ」と、上から目線で言ってきたり。

そんな時に友達に言われました。

「人がいないのはそいつのせいで、ちゃんとした人なら誰も離れないんだから、最後の一人になっちゃダメだよ」って。

確かに、初めからその人の周りに誰もいなかったわけじゃありませんでした。

ガマンに耐えられなくなって、周りがみんな離れてしまったんです。

そんな人の最後の一人になってしまったら…、考えただけで恐ろしいです。

私はこういう時の離れるという選択は、逃げじゃなく知恵だと思います。

自分を守るために離れる。最後の一人になる前に。

みんな逃げてる時は理由があるから
最後の一人になっちゃダメ

人間関係のモヤモヤ

26

どうしても許せない人がいる

人を許せないと…
ずっと傷つき続けるよ
いや…それは偽善だから
フッ…
自分にウソをつかずにもっと怒るべきだよ
許せないといつまでもつらいんだよ!!
……
いや、許す方がつらいし余計に腹が立つね!!
ニャー
ニャー
ニャー
ニャー
どっちでも…
ニャー
ニャー
ニャー
楽になれる方でいいんだよ

嫌な思いやつらい体験をした時、傷の癒し方は人それぞれです。

人を許す許さないの選択も人それぞれで、それを決める際は外の声は無理に聞かない方がいいかもしれません。なぜなら「許す」と決めた時に「それは自分に嘘をついている。怒らないのは偽善だ」と言う人もいれば、「許さない」と決めた時に「許せないと楽になれないよ」という人もいるからです。

どうしても許せない時に許せと言われるのも、許したいのにこの先も戦い続ける選択を強いられるのも、どちらもつらいですよね。

「許す」って優しい言葉にも感じますが、「許す＝優しさ」だけとは限りません。

自分を守る手段の一つとして「あえて許す」ことで楽になれることもあります。

外の声は「その人には効く薬」みたいなものです。

他人の処方薬を飲めば危険なこともあります。

外の声より自分の本音。自分が楽になれる方法が一番だと思います。

自分が楽になるために
外の声より、自分の本音

人間関係のモヤモヤ

27

嫌なことがあっても人に相談できない

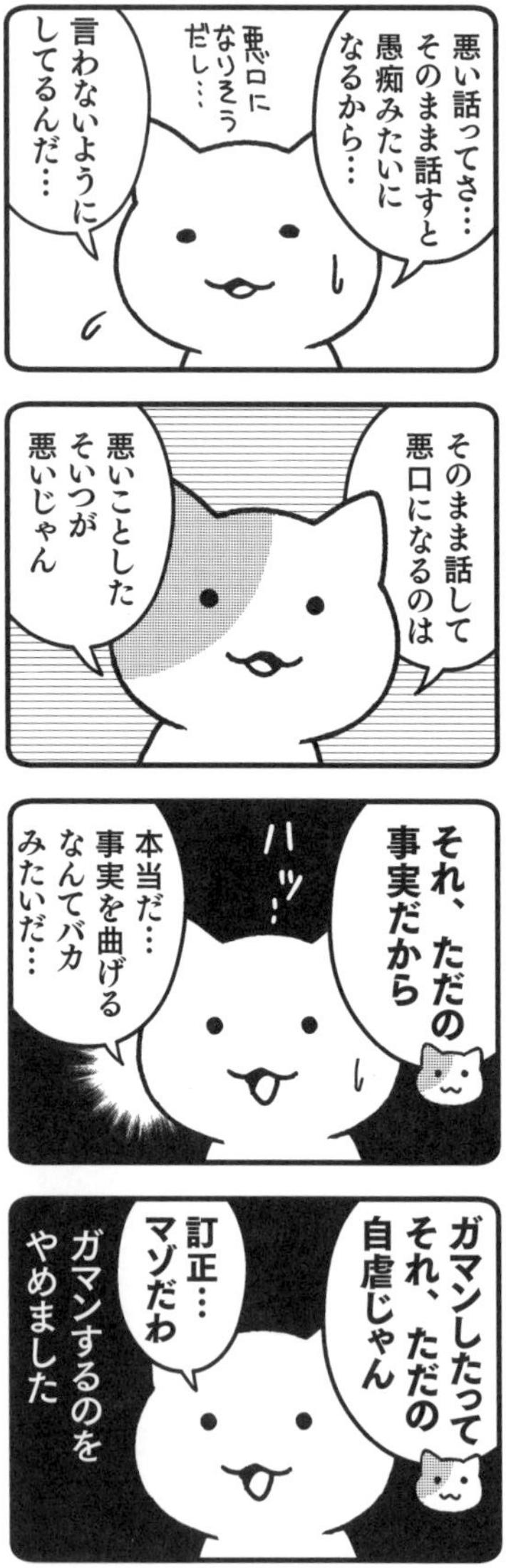

起こったことをそのまま話すと、愚痴や悪口になってしまう…。昔はそんな風に考えて、つらい目にあっても相談できず、泣き寝入りしてしまうことがありました。

でも、ある日友人に言われました。「それ、悪口じゃなくてただの事実だから」。

悪口に聞こえちゃうのは悪いことをしたからだと言われ、ハッとしました。

確かにその通りで、むしろ相手をかばって事実を曲げるなんて、バカなことをしたなと思いました。

悪い言葉を発したくない…。もめごとを減らしたい…。

そういう気持ちがあると、相手に不利なことを言うと悪口を言っている気分になるかもしれません。でも、起こったことをそのまま話すのは悪口ではありません。

もしいいことがあってそれをそのまま話しても、悪口にはなりませんよね。

だから自分だけで抱え込むのがつらい時は、相談できる人には悪口ではなく事実として伝えても良いと思います。

起こったことをそのまま言うのは「悪口」じゃなくて「事実」

人間関係のモヤモヤ

28

人を偏見で決めつけてしまう

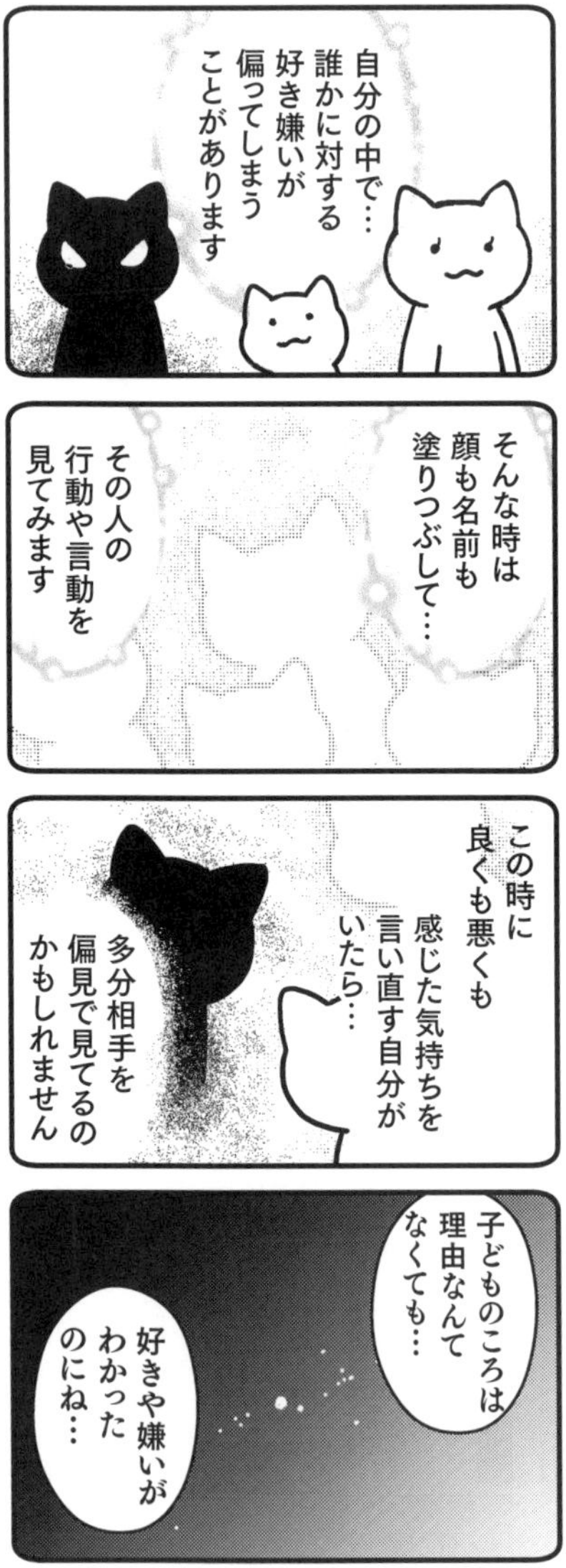
自分の中で…誰かに対する好き嫌いが偏ってしまうことがあります
そんな時は顔も名前も塗りつぶして…
その人の行動や言動を見てみます
この時に良くも悪くも
感じた気持ちを言い直す自分がいたら…
多分相手を偏見で見てるのかもしれません
子どものころは理由なんてなくても…
好きや嫌いがわかったのにね…

周りの意見に流されて、誰かに対する好き嫌いが偏ってないか不安になった時は、「もし相手のことを全く知らなかったら…?」そう考えてみます。

日常の中では、どうしても多数の意見が正しい気がして、自分の判断に自信がなくなることが多いです。

「みんなが言っているから○○な人だ」と思い込んでしまったことはありませんか?

そうやって決めたことって、自分の真意と離れてしまうことが多いんです。

だから、偏見で人を見てしまう時は、顔も名前も塗りつぶして、全く知らない人のつもりで、もう一度その人の行動や言動を見てみます。

この時に、思っていたのと別の一面が見えてきたのに、否定したり、答えを言い直す自分がいたら、自分以外の誰かに心を渡しているのかもしれません。

人の話を聞くことは大事だけど、自分の気持ちも同じくらい大事なんです。

顔も名前も塗りつぶして全く知らない人として考えてみる

人間関係のモヤモヤ

29

人からダメだしばかりされる

「あなたの為だから言うけど…」人生の中で、何度もこの言葉を言われました。

この言葉のあとに続くのは、大体は私へのダメだしです。

カチンときて聞かなかったこともあるし、聞いて本当に役に立ったこともあります。

私は、人からの忠告を聞くか聞かないかの判断はとても単純に決めています。

それは、相手を「尊敬できるか」「好きか嫌いか」です。

人を尊敬したり好きになるのには理由があります。だからこそ、そういう人の言葉は心に響くし、素直に受け入れることができます。でも、嫌な人の言葉は本当に嫌な言葉であることが多く、そう思うのにも大抵は理由があります。

「あなたの為だから」って言うのは簡単です。でも、その言葉に責任を取れる人はなかなかいません。優しさからではなく、自分が上に立つために何か言いたい気持ちを抑えられない人は、結局は「自分の為」に言っています。

　命に関わることでもなければ、「あなたの為」を全て聞く必要はないんです。

「あなたの為」と言われたら「私の為」になる言葉だけ聞けばいい

人間関係のモヤモヤ

30

人から勝手にキャラを決めつけられる

あいつはいじられキャラだからさ～
いじってOKだよ～
フーン
えっ!?
ちがっ…
でもって、あいつは陰キャラ～
いつも暗いし～
へ～
はぁ!?
おい!!
あ～子どものころにいたいた
人に変なあだ名つけて喜んでるやつ
たまに大人になってもやる人いるよね～(笑)
あれさー大人がやると恥ずかしいよねー
……
あの人は何キャラ?

世の中には、人のイメージを勝手に決めつけたがる人がいます。

「いじられキャラ」「陰キャラ」「オタクキャラ」「できないキャラ」「まじめキャラ」…。笑っていられるうちはいいけれど、度が過ぎると、「あなたに何がわかるの？」と本気でイライラしてしまうことがあります。

たとえば、私は仕事ではよく喋るしはっきりと意見を言う方ですが、普段は聞くのが専門であまり自分から話す方ではありません。なので場所によって「よく喋る人」と言われたり「あまり喋らない人」と言われます。

こんな風に、キャラの決めつけはその人に見える範囲の言葉でしかなく、決して相手のことを本当に理解した上での言葉ではありません。

子どものころに、変なあだ名を考えてはやし立てる子がいましたが、レッテルを貼りたがる人はそれと同じです。大人になってまだやってるって、それを言っている方が恥ずかしいんです。もし嫌なキャラづけをされても、気にしないでおきましょう。

人のキャラづけは、言っている方が恥ずかしい

人間関係のモヤモヤ

31

誰にもわかってもらえないと孤独を感じる

孤独って…
消せないもの
なのだと思う
悪いもののように
言う人もいるけど…
生きるのに必要だから
あるんだと思う
孤独って
人生で唯一…
失わない
ものなのかも
しれない…
孤独があるから
大切な人や
大切な時間が
輝いて見えるんだ…

昔は、今より孤独を感じたり、ぽっかりと胸に穴が空いたような気持ちで、常に自分の居場所を探していました。

大切な人がいても誰も私を理解してくれないと嘆いたり、寂しさに耐えられず、常に恋人がいないとダメだったり…。今は、孤独や虚しさというのは、消そうと思って消せるものではなく、むしろあって当たり前の感情なのだと思うようになりました。

月並みですが、人はいつ死ぬかわかりません。

だから、人で孤独を埋めようとすると、いつかまた孤独になります。

人に理解されたいと願う自分が、人を理解できているかを考えてみました。正直な話、自分のことでさえ全てを理解するのは難しいと思いました。

だから…もし誰かが「あなたを理解してる」と言っても、心からうなずくことはできないでしょう。だって自分が正解を知らないのですから。

孤独って、人生の中で唯一失わないものなのかもしれません。

孤独があるから
大切な人や時間が輝いて見える

人間関係のモヤモヤ

32

八方美人でみんなにいい顔をしてしまう

「人からどう思われても気にしない」、そうスパっと言えちゃう人もいますが、私は自分をよく見てもらえるなら、その方がいいなあと思います。

だから、周りの評価を気にして、一喜一憂してしまうことがありました。

でも、実はこの評価というのがくせ者で、理由がある時は、努力でどうにかなりますが、時には全く理由がなく評価が下がることもあるんです。

何となく嫌。何となく無理。けっこう傷つくけど、こういった評価は実際あるし、頑張ってもどうにもなりません。

ちなみに、私はネコを飼っているのですが、ネコでさえ同じごはんをあげても好き嫌いが分かれます。だから、しがらみの多い人間は動物以上に沢山そういうことがあるだろうし、全ての人から「いい人」と思われる方法はないのだと思います。

万人に好かれなくて当然だし、自分もまた全てを好きにならなくていい。

そう思うとあまり評価を気にしすぎることもなくなり、気楽になれました。

人の評価ほどあいまいなものはない

人間関係のモヤモヤ

33

人からどう思われているか気になる

最近あの子太ったよね…?
ね?
私もそれ思った!
ねー
ハッ!
誰とは言えないんだけど白いネコでさ…
あ、そいつ白いデブネコだろ?(笑)
ハッ!
クスクス
ハハハ
最近、悪い噂をされている気がして…
心当たりが多くて…
気にしすぎだと思うけど…ひとこと言っていいかな?
ちょっ、お前有名人じゃん

「今のって…、私のことかな？」

日常で、ちょうど自分が気にしている言葉が飛び込んできたことはありませんか？

そういう時って、何かに自信がない時なんだと思います。

たとえば占いで「今日は人のいる場所に気をつけて」と言われたとします。

とっさに今、自分が一番気にしている人がいる場所を想像しませんでしたか？

多分、自分がその言葉を探していたからだと思います。

よく考えてみて下さい。もし本当に周りが常にあなたを噂したり悪く思っているとしたら、それはもう有名人です。いつもあなたのことばかり考えてくれているのだから、ある意味人気者です。

でも冷静になってみると、自分がそんなに誰かのことを常に考えたことってあるでしょうか？　よほど意識している人でもない限り、ずっとは考えませんよね。

「有名人じゃあるまいし（笑）」。それくらいのノリで流していきましょう。


有名人じゃないんだから、そこまで注目されていない

人間関係のモヤモヤ

34

どうしてもとけ込めない場所がある

自分と合わない
場所にいると…
…
気持ちが
沈んでしまう…
そんな時は
人を動物や野菜に
置きかえてみる
よし…
スー…
そこにいても
気にならなく
なるから…
……。
チベットスナギツネ
オススメです
無理
わかり合えなくて
当たり前だと
思えてきます（笑）

居心地の悪い場所ってたまにあります。

自分と合わない人が沢山いたり、そこにいるだけで嫌な気分になったり…。

そういう場所にいると、自然と気持ちが沈んでしまうものです。

私は大勢の前で喋るのが少し苦手なのですが、以前「人前で緊張してしまうなら、周りの人は、動物とか野菜だと思えば大丈夫だよ」って言われたことがあります。

それと同じで、苦手な場所でも周りの人を別のものに置きかえてしまえば、少し気持ちが楽になれるかな？　と思いました。

苦手な場所にいる時って、多分、周りの視線が気になったり、これ以上真剣に考えて疲れたくないことが多いと思うんです。私がそういう場所でよく置きかえているのはチベットスナギツネという動物です。なんとも無気力な表情をしていて、何を考えているのか全くわからないし、わからなくて当然か…と思えてくるからオススメです。

群れで想像するとかなりシュールなので、笑わないように気をつけて（笑）。

わかり合えない人のことは チベットスナギツネだと思ってみる

人間関係のモヤモヤ

35

人からつらい話や不幸話を聞かされる

つらい話をする時、その先にはそれを聞く人がいます。

こういう時って大抵、それを話す人が一番つらくて、聞かされる方は「大丈夫な人」という妙なルールで始まります。

だから、聞くのを断ったり反論したりすると、「誰にも相談するなって言うの？」「聞いてくれないなんてひどい」…なんて言われてしまうこともあります。

でも世の中には色んな人がいて、誰もが自分のつらさを外に出せるわけじゃありません。

「話すだけで楽になる」話は、「聞くだけでつらい」人もいます。

つらい話をするなというわけではなく「聞かせたい相手」が必ずしも「聞ける人」とは限らないということです。

相談する側とされる側、どっちの方がよりつらいかは測れません。

話す側が相手を選びたいように、聞く側も選んで良いと思います。

「話す自由」があれば「聞く自由」もある

人間関係のモヤモヤ

36

人の悪口ばかり言ってしまう

何をしても怒りが抑えきれなかった時がありました。吐き出したら少しは楽になると思い、部屋で大声で悪口を言ってみたことがあります。

でも、全然スッキリしないし、自分が人に対してこんなに真っ黒な言葉を吐けることにがっくりと落ち込み、罪悪感でいっぱいになりました。

私は、悪口ほど言ってスッとしないものはないなぁと思います。

自分が吐いた言葉って、しばらくすると上に投げたボールが頭に落ちてくるみたいに、全部自分に戻ってくる気がします。

だから、次にどうしても怒りが抑えられない時は、外でも走ろうと思いました。

あとはカラオケに行って大声で歌ったり。とにかく身体を動かしたり大きな声を出すことでかなりスッとします。どちらも息を大きく吐き出すから、何か吐き出した気持ちになれるのかもしれません。少なくとも毒を吐いて息を切らすより、走ったり歌ったりして息を切らせた方が、ずっとスッキリする気がしました。

上に投げたボールのように
悪い言葉は全部自分に戻ってくる

人間関係のモヤモヤ
37
人の為に自分のことを後回しにしてしまう

……
うつら うつら…
大丈夫？
ちゃんとねてる？
ふぁ…
あのね、私を大切に思ってくれるのはすごく嬉しい
でもそのために無理しない方がもっと嬉しい
あなたが私を大切に思うように…
……
私の大切なあなたをもっと大事にしてほしいの

自分を大事にすることも、大切な人の為になる

昔はどんなに忙しい時でも、自分のことは後回しにして、友達を優先していました。私の中でそれくらい、友達の存在が大きかったんです。

でも、ある日こう言われました。

「あなたが私を大切に思うように、私の大切なあなたを大事にしてほしいの」

自分が無理をすることで友達を笑顔にできるなら…。そう思って頑張っていたけど、それで無理して身体を壊してしまったら、笑顔どころか大切な友達を悲しませてしまう…。その時に初めて気づきました。

友達だけじゃなく、家族や恋人や身近な誰かが、もし私のために無理をして何かあったら、多分すごく後悔すると思います。それ以来、自分をいたわることも大切な人のためにできることなのだと考えるようになりました。

誰かのために、無理をしてしまう人って沢山いると思います。

でも、だからこそ、その人達の為にまずは自分を守るのも大事なことだと思います。

人間関係のモヤモヤ

38

人への思いやりをつい忘れてしまう

いつも優しい言葉をかけてくれる、大切な友人がいます。

これは彼女から教わったことなのですが、大切な人には毎日花に水をやるように、優しい言葉をかけるのが大事だそうです。

「好き」や「ありがとう」は心の栄養になるから、惜しみなくかけてあげてって。

とても素敵な考え方だと思いました。

それを聞いてから、一人でいる時も、できるだけ優しい言葉を選んでいきたいと思いました。誰が聞いてなくても、自分の声を毎日聞いている人がいます。それは自分です。飼っているペットや、お気に入りのカップに「好き」と言ってみる。

それに、優しい言葉を使うことが習慣になれば、別の誰かに対しても自然と優しい言葉をかけられるかもしれません。

友達からもらった優しい言葉を、バトンを渡すように、また別の人に渡す…。

そのバトンがつながって、優しい人が増えていったら、素敵ですよね。

花に水をやるように、
大切な人や自分に、優しい言葉をかけてあげる

人間関係のモヤモヤ

39

人が自分の思い通りに動いてくれない

好きな人ができると、相手に好かれたくて、喜んで欲しくて、何でもしてあげたくなります。でも、いざ付き合ってしばらくたつと「なんで自分ばっかり」と愚痴が出てきちゃう。

それは多分、元々そういう相手を好きになったのに、付き合うことで自分の願望が変わってしまったのかもしれません。もしくは、最初は優しかった相手が変わってしまったのだとしたら、自分が変わったように、相手も変わってしまったのかもしれません。

恋愛で付き合った相手は確かに自分の恋人だけど、自分の物ではありません。

これは全ての人間関係に言えると思います。

どんなに仲良くなっても、苦楽をわかち合える仲であっても、相手の心や考え方を変える権利までもらえるわけじゃないんです。

「尽くすのは自分の勝手」。それくらいに思ってみませんか？

どんなに心を開いた人でも
相手の心を変える権利は手に入らない

人間関係のモヤモヤ

40

人の為に頑張っても感謝されない

恋愛でも友達関係でも、よく愚痴として聞く言葉があります。

それは…「やってあげたのに」です。

でも、これって悪いけど、善意だけじゃなかったんだと思います。

本当の善意なら見返りやお返しは期待しません。恩返しを求めている時点で、相手の為ではなく、自分の為にもやっていたのだと思います。

「やってあげたのに」と怒ってしまう人は、たとえるならば、原則無料の課金アプリに似ているかもしれません。

無料で遊べるからと誘導し、あとで高額な課金を求めてくる、知っていたらダウンロードしない系のアレです（笑）。

あとから恩を請求された相手からすれば、それと同じように感じるかもしれません。

相手に何かをする時は「やってあげた」ではなく、「やりたいからやった」が、一番いいと思います。

人に何かをする時は「やってあげた」ではなく「やりたいからやった」

人間関係のモヤモヤ

41

大切な人と離れ離れになってしまう

人生では、今まで一緒だった仲間と別の道を歩んでいくことがあります。

卒業したり、進学先が違ったり…。けど、しばらくするとまた隣で笑っていたり。

私はそれを列車みたいだなって思いました。同じ駅を出た列車が、レールの切り替えで離れたり並走したり、またホームが隣になったりするからです。

そして、会えない間もどこかで走っている。同じ時代にそれぞれの道を走る仲間がいる。それはとても幸せなことだと思いました。こんな会話をしたことがあります。

「あいかわらず走っているね。やっぱり追いつけないなぁ」

「追いつかなくていいんだよ。違う道なんだから」

誰かに追いつく為じゃなく、自分の選んだ道を走り続ければ、それでいいんです。

そして、止まらずに走っていれば、またどこかで仲間に出会う日があるかもしれない。

その時に素敵な道を走ってきたよと笑顔で伝えられたら…最高の人生かもしれません。人生のどこかでまた逢える日を願って、走り続けていきたいです。

自分の道を止まらずに走っていれば
またどこかで会うこともある

人間関係のモヤモヤ

42

大切な人を失うことが怖い

失うことばかりを気にしちゃうけど…
大切な人や今のお仕事がなくなったらどうしよう…
モヤ
モヤ
それは初めからあったものじゃないし…
君の名は？
会社員
独立
フリーランス
ずっと変わらないものは一つもなかった…
借りてるくらいに思うのがちょうどいいのかな…
きっと、今沢山貸してもらってるんだ
だから沢山恩返ししたいって思うのかも…？
ハッ…
そういう気持ちで大切に扱おう…

失うことばかりを気にしてしまう時がありました。

大切な人とか、仕事とか、この先もずっとそれが続いていくのかな？　って。

そう思う時ってうまくいっている時が多く、何かを持っているような感じというか、持っていると思うから、失うことが怖かったのかもしれません。

逆に失う不安がない時は、今以上に失うものが何もなかったのだと思います。

どんなに大切な人も、自分の物ではありません。

今もらっている仕事も、昔からずっと同じものが続いているわけじゃありません。

どれも人の縁があって、そのおかげで出会えたものです。

失うのが怖いものは、借りているくらいに思うのがちょうどいいんだと思います。

うまくいっている時は、沢山借りていて、だからそういう時ほど、沢山恩返ししたいと思うのかもしれません。

借りたものだから大切に扱いたいし、いっぱい返していこうと思いました。


失いたくないものは、自分のものではなく借りているものだと思ってみる

CHAPTER 3

職場のモヤモヤ

職場のモヤモヤ

43

自分の意見をうまく伝えられない

大勢の前や仕事の場で自分の意見を言うのは、とても勇気がいります。

いざ喋ろうとすると緊張で頭の中が真っ白になったり、何を言おうとしたか思い出せなくなったり…。

職業柄、私も色々な職場の会議に参加してきましたが、喋りにくい場所には「言わせない」雰囲気や「言いにくくさせる」謎の圧がありました。

すごく喋りやすい場所もあれば、ひとこと喋るだけで息苦しくなる場所もあって、時には逆の立場で話しにくくさせてしまったこともあります。

それで思ったのは、話しにくい雰囲気って、それを作ってしまう周りも未熟で原因があるなって。だから自分だけを責めなくていいと思うんです。

まずは、身近な先輩や話しやすい人に意見を伝えてみるのはどうでしょう?

自分にとってできるだけ楽な方法で、「伝えること」を当たり前にしていけば、私がそうであったように、今より少しずつ喋りやすくなってくるかもしれません。

話しにくい雰囲気を相手がつくっていることもある

職場のモヤモヤ

44

人と比べて仕事ができない自分に落ち込む

人と自分を比べたり、周りの人が褒められているのを見ては、「自分はだめだ…」と落ち込んでしまうことがありました。

ふと思いました。なんで比べたんだろう？　って。

これって、自己評価が低いようで、実はかなり高かったんだと思います。だって自分もそのレベルでできるはずだと思ってなければ、落ち込むはずがありません。

本当に絶対的な差を感じた時って、すごいとは思ってもあまり落ち込みません。

たとえば羽生結弦選手のスケートを見て、「私はあんなに滑れない…」とは思いませんよね。そこに届くだけの実力が自分にあると思うから、今、できていないことにへこんだり、褒めてもらえないことに落ち込むのだと思います。

まずは、できるだけ自分に近い人を目標にしてみるのはどうでしょう。

その人がやっていることを自分もやってみて、簡単にできたらもっと目標を上げてみる。小さな成功が増えていけば自信もつくし、落ち込まず前に進める気がします。

目標は、目に見える高さからでいい

職場のモヤモヤ

45

会社の人間関係がしんどい

職場の人間関係の悩みって、誰しも一度は通る道だと思います。

私もそれが原因で辞めた仕事があります。

人に振り回されるってただでさえ疲れることです。職場にいる時間は結構長いし、逆らえない立場で必要以上に振り回されるととても疲れますよね。

でも、職場で力を持っている人は、その中にいると、絶対に逆らえない権力者のように感じますが…一歩外に出ればただの人なんです。

有名人でもない限り、大抵の場合、その人の名前も役職も外の人は知りません。

たとえば接客業で、もし部下がパワハラで会社を辞めちゃったら、昨日までパワハラしていた部下が明日はお客様かもしれません。

「この人がいばれるのって、ここだけなんだな」

そう思うと、相手への見方や自分の受け止め方も変わってくると思います。

会社を出れば どんなに偉い人だって、ただの人

職場のモヤモヤ

46

ブラック企業だとわかっていても辞められない

これまで色々な仕事を経験してきましたが、何度かブラックな会社にあたってしまったことがあります。

押し寄せる仕事が止まらない。

そういう会社に限って、辞めたくても辞めさせてくれない。

私が初めてブラック企業と仕事をした時は、辞めるまでに一年以上かかり、心身共に大きなダメージを受けました。

その後も、何度かブラックな会社にあたりましたが、その時はすぐに離れられることができました。

すぐに辞められた時と、辞められなかった時の違いが何かと言えば…、それは私の知識量の差でした。

初めての時は、まさか自分がブラック企業にあたるなんて考えもしなかったし、法的知識も全くありません。

ひとことで言えば、相手にとって「すごくチョロい相手」でした。

私の経験からですが、ブラックな会社って、法的にどこまでがグレーで、どこからがブラックか、わかってやっていることが多いんです。
だから、チョロい相手はどんどん利用できるけど、ブラックとグレーの境界線を突いてくるような面倒な相手は、早めに折り合いをつけようとします。

会社の中にいると、そこでのルールが社会全体のルールだと思い込みがちですが、会社が言っていることが、百パーセント正しいとは限りません。
法的に見たら、怪しい部分も沢山あります。
だからこそ、全て鵜呑みにするのではなく、チョロい相手にならないように、時には疑ったり自分で調べることも大切です。

とは言え、会社を辞めるって大変な勇気や気力が必要なので、ほとんどの人はガマンして抱え込んでしまうことが多いと思います。

でも、それでも本当に危ない時は…自分のために立ち止まって欲しいんです。

私は、絶対に辞められない仕事はないと思っています。
ただ、それをやるのが「簡単じゃない」というだけです。
法的な面から、簡単じゃない手順を踏めば、会社は退職を止める権利はありません。
次の仕事を探すのも簡単じゃないけど、条件を選ばなければ何かしらはあります。

私の周りにも、仕事が原因で心身を病んでしまった人がいます。
無理をして倒れたり死んでしまったら…、会社は命や健康を返してはくれません。

どんなことでも簡単にできることは少ないです。
でも、もし本気でやめたいなら、どうしてもやめられないことも少ないと思っています。

会社の言うことが
この世の正しい常識とは限らない

職場のモヤモヤ

47

理不尽な業務や不当な扱いをガマンしている

ガマンはある程度必要な時もあるけれど、本来感じなくていいストレスを感じたり、必要以上のガマンをしていると感じた時は、少しだけ立ち止まってみて下さい。

雇用条件と違う仕事をさせられたり、上司から不当な扱いを受けても、「きっと自分の成長が足りないせいだ…」とガマンしていませんか？

仕事というのは、本来はガマンが仕事じゃありません。

よく、お給料はガマン料だという言葉を聞きますが、「ガマンしなきゃいけない部分」が、「本来の仕事と関係ない部分」にあるなら、それは本来する必要のないガマンなのだと思います。むしろ仕事の難しさに耐えることと、仕事に関係のないストレスに耐えることが、全てセットになって語られてしまうのは、おかしいと感じます。

不要なガマンをしても「ガマン料追加支給」はありません。

ガマンしすぎて心を病んで仕事ができなくなったら、今まで耐えてきた苦労も全て無駄になってしまいます。自分を守ることも、大事な仕事です。

ガマンせず自分を守るのも、大事な仕事

職場のモヤモヤ

48

仕事がストレスでも耐えて頑張ってしまう

あの仕事絶対やばい…すごくつらい…
ブラックだった…
辞めちゃえば?
え!?
そんなカンタンに
今すぐ辞めるわけじゃないよ期限を決めるの
フッ…
あと少しで辞められると思えば気持ちも楽でしょ?
た…確かに…
無期限で延々続くんじゃつらくもなるよ
続けたければ続けたっていいんだよ
まずは自分を守ろうか
逃げ場がない状況だと心の逃げ場までなくなるよ

みんな多種多様の仕事についているので、なかなか話が噛み合うことは少ないですが、共通の話題としてあがりやすいのが「仕事のストレス」についてです。

頑張ってしまう人ほど自分の疲れやストレスを甘く見てしまい、人のことはいたわれるのに、自分のガマンには気づかず「大丈夫」って無理をしてしまう。

私も過去にガマンし続けた結果、神経性胃炎で倒れて運ばれるという笑えない経験がありました。だから今、無理をしている人には、本当に今すぐ気づいて欲しいです。

ストレスを受け流す方法として、私の場合の解決策は「期限をつける」ことでした。

「もし、あと○ヶ月この状態が続いたら退職願いを出そう」

逃げ場が確保されていると思うと心の余裕が違いますし、それで実際に辞めた仕事もあれば、気が楽になったおかげで長く続いた仕事もあります。

どうしてもストレスに耐えられず状況を変えられない時、まずはいざという時の逃げ場を作ってあげて下さい。

このストレスを いつまで抱えるか「期限」を決める

職場のモヤモヤ

49

身体や心に不調を感じる

今日はすごく疲れた…
フー…
たまにはインスタントでいいか〜
ボー…
サラサラ…
バシャバシャ
休もう…
うわぁ…

疲れている時って、頭と身体がうまく噛み合っていない気がします。

無理するより休んだ方が効率がいいと言うけど、それは本当だと思いました。

ボーっとして、うっかり普段やらないミスをしたり、結果的に効率が落ちてしまったり。慣れているはずのことほど、やらかしてしまうんです。私がよくやるのは、自動改札で家の鍵を出しちゃったり、仕事のデータを上書きしてしまったり。

このように、慣れや疲れなどから、意図せず目標と違う結果が出てしまうことを、「ヒューマンエラー」と言うそうです。

ちょっと難しい話ですが、考え方としては「疲れたからミスをした」ではなく、「ミスをするような背景や原因があった」から、その結果ヒューマンエラーが起こります。だから「疲れたから休む」のではなく、その原因を作らないように「疲れる前に休む」ことで防ぐことができると思います。

疲れたから休もうだと遅いし、私のようにやらかすのでご注意下さい（笑）。


「疲れたから休む」ではなく「疲れる前に休む」

職場のモヤモヤ

50

このまま今の仕事を続けていいのか悩む

電車を乗り換えないと目的地にたどり着けないように、人生のレールも乗り換えないと先へ進めない時があります。仕事でもそういうことってあります。ブラック企業だとわかっていても、その電車に乗り続けてしまったり…。

降りたいのに降りられない理由がある時は、降りていい理由も考えてみて下さい。片方しか見えてないと本当に降りられなくなってしまいます。

今まで乗っていた電車から乗り換えると、ずっと座れていたのに、また立って行くことになるかもしれないし、シンドイかもしれません。

辞めたい仕事を辞められない時も、それに伴う苦労があったり、次の仕事を探さなきゃいけなかったり、シンドイことが多いと思います。

でも、見慣れた景色の繰り返しから解放されて、新しい世界が見えたら…。

それはずっとそこに座っていたら見えなかった景色だと思います。

人生も電車も自分で行き先を選んでいいし、いつでも乗り換えられるのですから。

乗り換えないと、決してたどり着けない場所もある

CHAPTER 4

自分のモヤモヤ

自分のモヤモヤ

51

自分に自信がもてない

自信がない時は…

過去に自信を持てた時のことを思い出すといいらしい

ハァ…

思い出せ…あの時を…

あの自信をもう一度…

スゴイ

ねこ

いやそんな

ヒィ〜っっ

あぁぁ

買

あぁぁ

自信なんて…

持ったことないわー!!

自信

ガッ

ツ

元から持ってないものをなくすってのも変だよね…

悩んで損した…

今までもなくてもやってこれたんだった

っ…し

たまにどうしようもなく…自分がやっていることに対して、自信をなくしてしまうことがありました。

そんな時に解決策として「過去に自信を持てた時のことを思い出すといい」と聞きました。その時を思い出すことで、今の自分に自信を持たせられるそうですが…。

「どういう時に、自分は自信を持てたのか…?」

「思い出せ！　あの時を…。あの自信をもう一度…」

すごく冷静に考えたら、私はうまくいっていた時でも、自信なんて持てたことがありませんでした。「自信を持ったことなんてない！」と、自信を持って言えるほどです。

そして、元から持っていないものをなくしたと思っていた自分がおかしくて笑ってしまいました。

「自信がなくても今までもなんとかやってこれた」

そう思うと、かなり気が楽になりました。

自信なんて、なくてもなんとかなる

自分のモヤモヤ

52

自分にダメだしばかりしてしまう

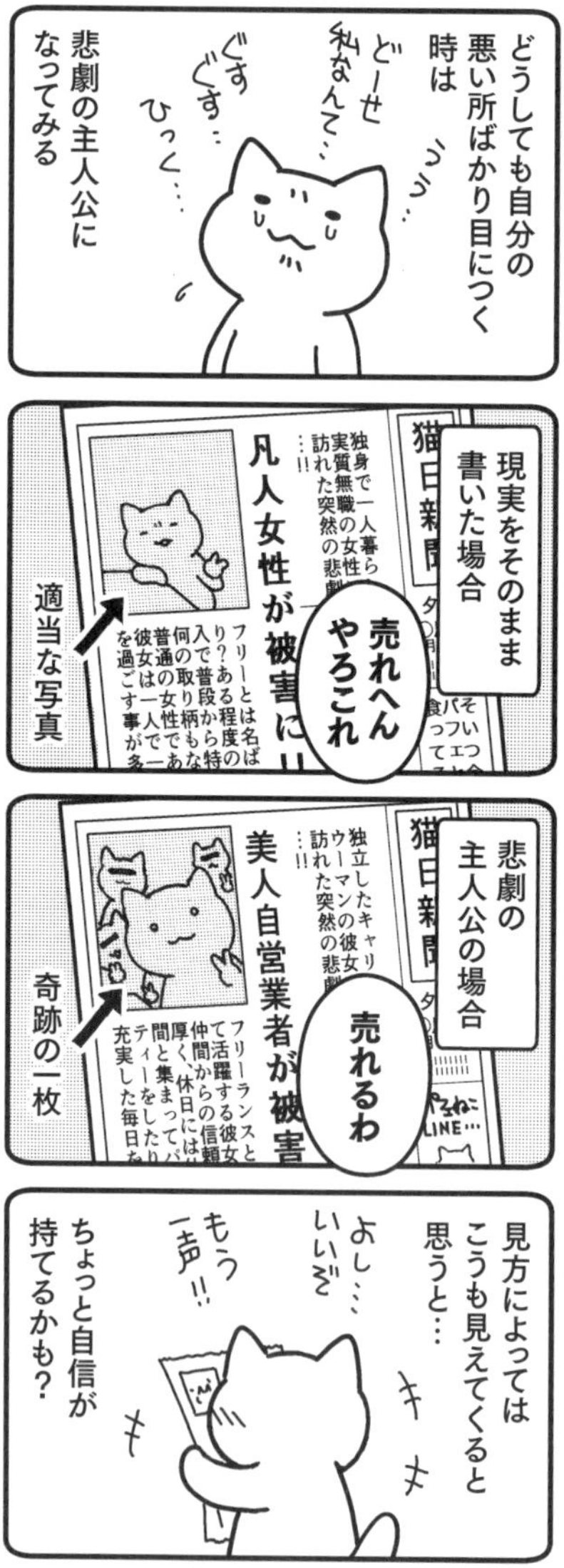

どうしても自分の悪い所ばかり目につく時は
うう…
どーせ私なんて…
ぐすぐす… ひっく…
悲劇の主人公になってみる
現実をそのまま書いた場合
猫日新聞
凡人女性が被害に!!
独身で一人暮ら
実質無職の女性
訪れた突然の悲劇
…!!
売れへんやろこれ
適当な写真
悲劇の主人公の場合
猫日新聞
美人自営業者が被害
独立したキャリ
ウーマンの彼女
訪れた突然の悲劇
…!!
売れるわ
奇跡の一枚
見方によってはこうも見えてくると思うと…
よし…いいぞ
もう一声!!
ちょっと自信が持てるかも?

どうしても自信が持てない時に、やっていた妄想があります。

もし自分が何かの被害者になったとして、ダメな自分を過剰脚色でいいから最高に売れる記事にしてくれる記者がいたら…。

多分、そのまま書いても売れないから、かなり美化して書くと思うんです。

たとえば「ぼっちの絵描き」なら「独立して活躍するデザイナー」に、「女性」なら「美人女性」に、「人間関係にトラブルなし」なら「誰からも愛されて」に。

これを全部合わせて記事にすると、見出しは、「被害者のぼっちの女性デザイナー、人間関係にトラブルなし」から、「誰からも愛されて、独立して活躍する美人デザイナーに突然の悲劇…！」となります。

自分のことってつい悪く見てしまいがちだけど、視点を変えて褒めまくればこう見ることもできるかも？

そう思うと、ちょっと自信が出てきませんか？（笑）。

別人の立場から、自分のことをドラマチックに脚色してみる

自分のモヤモヤ

53

人から褒められても、素直に受け取れない

人から褒められるのがとても苦手で、褒められても「いやいや、そんなことは…」ってすぐに否定してしまったり、むしろ自己評価が低いのは天狗になるよりいいことなのでは…？　とさえ思っていました。

でも、人が褒めてくれた時には、その自信のなさは、相手に対して失礼な時もあるのだと知りました。

ある日、友人に言われました。過剰な謙遜をするのは、褒めてくれた相手に対して「お前は見る目がない」と言っているのと同じだって。

私は自信がないと言いながら、自信たっぷりに相手の評価を否定していたのです。

褒めてもらった時にどう返せばいいか迷う私に、友人はあっさりと言いました。

「ありがとうでいいんじゃない？」。すごく簡単なことでした。

自信って自分のためだけではなく、評価してくれる人の為にも必要なのだと思います。自信を持てない時に思い出してくれたら嬉しいです。

謙遜のしすぎは、「お前は見る目がない」と言ってるのと同じ

自分のモヤモヤ

54

自分で自分のことを決めつけてしまう

自分の中で自信が持てないことは、それが苦手だと決め続けているうちに、本当にそうなってしまうものもあると思います。

たとえば、私は人の絵を描くのが苦手でした。ネコの絵でマンガを描き始めたのも、それが理由だったりします。でも、昔は人を描くのが大好きだったんです。

ゲームの仕事を始めた新人の頃、当時の上司から「君は人を描くのは向いてないから背景やろうよ」と言われ、それでえらく落ち込んでしまって、人を描いて評価されるのが怖くなって避けていたら、描けなくなっちゃったんです。自分で「人は描けない」って脚本を書いて演じることで、本当にそうなってしまいました。

でも、最近は開き直って脚本を書き直すことにしました。「へたうまってのもあるし」、それが新しい脚本です（笑）。頭の中で書いた脚本なら、嫌なら書き直してしまえばいいと思いました。自分から苦手なことを増やしてしまうのはもったいないです。役者じゃないんだから、無理に嫌な役を演じる必要はありません。

役者じゃないんだから、嫌な役は演じなくていい

自分のモヤモヤ

55

自分の居場所や価値がわからない

この世界という
パズルの
1ピースだと思って
生きることにした…
ピースが足りないと
世界はつながらない
ぽっかり空いた穴を
埋められる人もいる
自分というピースが
はまる場所を探す時
その自分を探している
人もどこかにいる
どんなにちっぽけな
自分でも…
この世界を埋める為に
必要な1ピースなんだ…

何の為に生きているのか。何の為に生きていくのか。

たまに、自分の人生や価値について漠然と考えることがあります。

その答えは一生出ないのかもしれないし、それを見つけていくことが人生なのかもしれません。そんな時にふと浮かんだのがパズルのピースでした。

パズルには沢山のピースがあり、そのどれか一つが欠けても絵は完成しません。

絵はこの人生における世界そのものです。様々な役割のピースがあるけれど…、どんなピースであっても、たった一つ欠ければその世界は欠けてしまうんです。

自分というピースがはまる場所を探すように、その自分を探している人もどこかにいる。

そう思うと、どんなにちっぽけな自分も、穴だらけの世界を埋めてつなぐための必要な一ピースなのだと思いました。

誰だって、この世界というパズルの1ピース

自分のモヤモヤ

56

すぐに気持ちが落ち込んでしまう

理由もなく気持ちが落ちる時は、自分を責める前に、強制的に気持ちを切り替えることにしています。そういう時ってかなり疲れていることが多いです。

「疲れる」は、「憑かれる」みたいなので、私は疲れた時は「憑かれた君」が自分に取り憑いていると思うことにしました。

そして、「ここへ行けばスッとする」自分のお気に入りの場所を浄化ポイントと決めて、疲れが溜まってきたら追い払いに行くことにしています。

ちなみに私のオススメは神社です。鎮守の森があって木が多いからか、敷地に入った時に空気や温度がスッと変わる感じがするんです。

鳥居をくぐれば一匹離れ…、鈴を鳴らしては一匹離れ…。何か一つするたびに、「憑かれた君」が一匹、また一匹と離れていくのだと自分に言い聞かせて…。

最後は「よし！　軽くなった！」と、何かを払った気持ちで帰ります。

お気に入りの場所を選んでいることもあり、いいリフレッシュにもなりますよ。

「憑かれた君」を追い払う、浄化ポイントを決める

自分のモヤモヤ

57

何かしていないと不安になる

何もしなくて
いい時があると…
色々なことを
考えてしまう…
本当にしたいことか
今できることとか
何かしないと…
何かしないと…って
あ…
何もしなくても
いいんだ
人生には…
月がキレイ
だなぁ…
何もしない時間も
きっと必要なんだ…

何もしない時間も、人生の大切な時間

時々、何もしなくていい日や、ボーッとできる時間があると、色々なことを考えてしまいます。今、この間にも、できることがあるんじゃないかって。

自分は本当は何がしたいのか？　他にすべきことがあるんじゃないか？

立ち止まってる時間も、大切な時間なのに、何かしないと…、何かしないと…。

多分、人って、何もしないでいることが苦手なんでしょうね。

探そうと思えば、やるべきことなんていくらでも出てきます。

それでも多分、人生には何もしない時間があっていいんだと思います。

仮にやるべきことがあったとしても、今すぐそれをやらなくても生きていけるなら、今やらなくてもいいんです。

無理に探さなくても、その時が来ればわかると思うから…。

何もない時は、何もしなくていいと思います。

何かしないと、何かがないといけないわけじゃないのだから。

自分のモヤモヤ

58

小さなことで悩んでしまう

気持ちが疲れた時は、少しでも自然のある所へ行きます。

空がとてもキレイで泣きそうになったり、風の気持ちよさに一瞬無心になれたり。

理由はないけど、自然に触れるとそういう気持ちになるんです。

遠くへ行かなくても、街路樹や雑草や、見上げた空でもいいんです。

「自然の前では、自分の悩みなどちっぽけなもので…」というわけではありません。

そんなに達観した人間じゃないので、小さくたって悩みは悩みです。

多分、人に相談するよりただ無心になれた方が、楽な時があるのだと思います。

たとえば、人に話せば、返ってくる言葉には相手の主観が入ります。話すことで相手にどう思われるか、別の不安が生まれることもあります。

でも、自然の中で何を思っても何も返ってきません。ただ、そこに自然があるだけです。もしかしたら、疲れとか悩みとか、自分の中に本来なかった不自然なものが居づらくなって、少し逃げていってくれるのかもしれません。

自然の中に行くと、自分の中の不自然なものが逃げていく

自分のモヤモヤ

59

突然、不安な気持ちに襲われる

日常の中で
突然理由もなく…
ドキ ドキ
え!?
突然の不安!!
不安になることがある
そういう時はつらいけど
冷静に考える
一つずつ思い出せ…
えっと…
理由があるはず…
えーっと…
今、何があった?
何を見た? 時間は?
場所は? 天気は?
そうすると
似た状況の時に
つらい思いをしてたり…
ハッ…
そういえば昔似た場所で…
原因があるものなら
次から回避できる
オバケの正体が枯れ木
だった時のように…
もうこれは怖くない
ホッ…
済んだコトだから…
理由がわかることで
減らせる不安もある

先に理由がわかれば、減らせる不安もある

たまに理由もなく、突然不安になったり、ドキッとすることがありました。うまく言えませんが、頭を置き去りにして身体が震えるような、そんな感じです。そういう時につらいけど、あえて不安になった理由を冷静に考えてみました。すると、過去のつらい出来事は覚えていても、それに関連する状況は忘れていることに気づきました。

理由がわかれば、改めて状況を切り離すことができます。たとえば、恋人とけんか別れしたあとで赤いレンガのビルの横を通ったとします。すると、しばらくして別の土地の赤レンガの前を通った時に、突然切なくなったりします。

でも、「別れた理由と赤レンガは関係ない」と状況を切り離して納得することで、次に赤レンガの前を通っても、不安な気持ちにならずに済みます。

理由がわからないと突然に感じますが、理由がわかることで減らせる不安もあるのだと思います。

自分のモヤモヤ

60

自分が進むべき道に迷っている

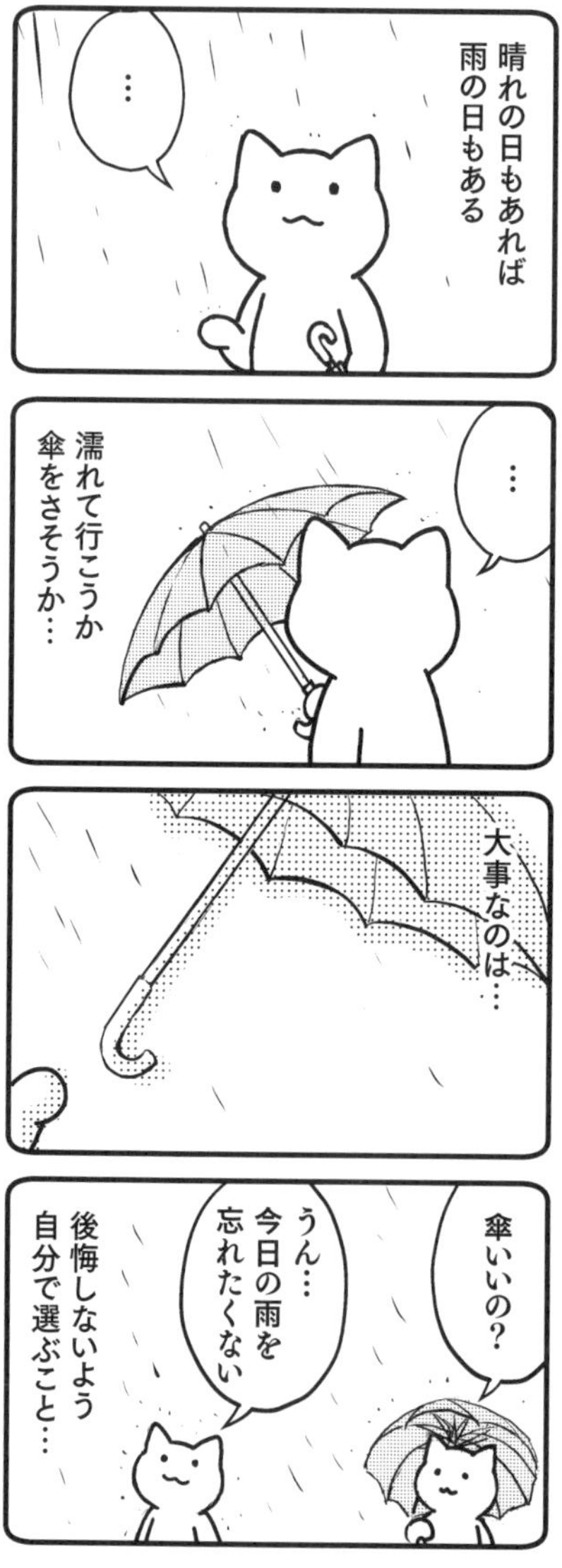
晴れの日もあれば
雨の日もある
…
濡れて行こうか
傘をさそうか…
…
大事なのは…
傘いいの？
うん…
今日の雨を
忘れたくない
後悔しないよう
自分で選ぶこと…

人生には、楽な道を選ばずに、あえてつらい道を選ぶこともあります。

お天気にたとえると、晴れた日を選べば歩きやすいだろうし、雨の日を選べば冷たいし濡れてしまうかもしれない。

それがわかっていても、人生ではあえて雨の日を選ぶことがあります。

私は、そういう時は「今はこれが必要なんだ」と思うことにしています。

苦労を伴う選択だとしても、それを選ばないと後悔が残るなら、つらくてもそれを選んで、雨の日にしかわからないことを知るのだと思います。

雨に打たれる気持ちを知っていれば、雨に打たれる人の気持ちもわかります。

晴れの日の素晴らしさに気づくこともできるし、その雨をしのぐ方法も考えつくかもしれません。もちろん、晴れた日を選んでも間違ってはいないと思います。

どれを選んだから立派とかではなく、ちゃんと自分の意志で選んだか。

本心で選んだ選択なら、その答えは全てが正解なのだと思います。

自分の意志で選べば、どんな選択も正解になる

自分のモヤモヤ

61

好きなことや本当にやりたいことを後回しにしている

「そんなことをしてる余裕があるなら…」

昔はずっとこの言葉に縛られていました。

今は、本業とかけもちしながら、好きな絵を描いたり文章を書いたりしていますが、大学を卒業して会社員になってから十年以上、これらの好きなことを全てガマンして、仕事だけに明け暮れていました。

私の本業は、ゲームのデザイナーです。

趣味も絵を描くことですが、仕事の絵とはだいぶジャンルが違うので、当時は仕事に集中するために好きな絵の方は筆を折っていました。お金にもならない好きな絵を描くヒマがあるなら、もっと仕事に精進せねば…と、絵が嫌いになりそうなほど、仕事の絵ばかり描いていました。

そこに区切りをつけたきっかけが、とある知人の訃報でした。

その人はあのころ、唯一、私の本来の絵を認めてくれた人でした。私はその人に、「今は忙しいけど、いつかまた描く」と約束していました。

でも、まだあると思っていた時間は、突然なくなってしまいました。

その時に思いました。

なぜ、好きな方を後回しにして「そんなこと」にしてしまったのだろう？　って。

そんなことで楽しくなれるなら、それは人生でとても大事なことだったのに…。


久々に描いた自分の絵は、昔と比べてとても下手になっていたけど、涙が出てくるほどその時間が幸せでした。

今でこそ仕事のチャンスを頂けていますが、お金にもならず、誰も見てくれないその絵が、あの日本当に愛おしかった。


やりたいことが思うようにできなくなる日は、ある日突然やってきます。後回しにはできません。

でも生きていれば大変ではあるけれど、自分次第で仕切り直すことができます。

「明日死ぬとしたら何がしたい？」

定期的に自分に問いかけます。すでにやっていれば、もっと頑張ろうと決めて、まだやってなければ「それはなぜ？」と問いかけて、やるための方法を考えます。

自信がなくても、他人がどんな評価をしようと、自分が好きで楽しいことなら…。「そんなこと」は生きるためにとても大事なのです。

この人生で出会えた好きなものに、代わりはありません。

自分が好きな「そんなこと」に、代わるものはない

自分のモヤモヤ

62

やりたいことがあるけど、やる時間がない

やりたいことは山ほどあるけど今だ手つかず…
できてなくて…
仕事や日常でやるべきことが多すぎて…
いつかはやりたいと思っているのですが…
一つ終るとまた一つやるコトが…
これは私の座右の銘なのですが…
いつかはずっといつかです
ズバッ
やらなければずっといつかのままです
説得力

何年か前、私は進む道に迷っていました。自分の年齢を考えた時、自分のやりたいことより、これからの若い世代に貢献できることをするべきではないか？

そういう思いで、十六年間勤めた会社を辞めて新たなプロジェクトに参加したのですが、やっと軌道に乗りかかった時にリーマンショックで頓挫してしまったのです。

それを機に、やはり自分もまだ、夢を叶えたいことに気づいてしまいました。

でも、今やっていることを続けていたら、それをやる時間が作れない。でも、いつかはやりたい…。その悩みを相談した時に言われたのが、「いつかはずっといつか」という言葉でした。

「自分の言葉と絵で人を笑顔にしたい」。それが、私が本当にやりたかったことでした。

あの言葉のおかげで、今の自分があります。

やりたいことは先に延ばす限り、ずっと「いつか」なのだと思います。

単純な言葉ですが伝えたいことがあります。好きなことを沢山やって下さい。

先延ばしにする限り「いつか」は、ずっと「いつか」

自分のモヤモヤ

63

過去を引きずったり、先の見えない未来が不安

ふとした時につらい過去を思い出したり、先の見えない将来に漠然とした不安を抱いてしまうことはありませんか？

苦しかったり、楽しかったりする理由は大抵、過去に原因があります。でも過去は変えられません。そして百パーセント予測通りの未来をつくることもできません。

未来を変えるための行動は大事です。でも、悪い結果を想像して不安になるなら、未来なんて何が起こるかわからないと割り切ることも必要だと思います。

生きている時間の中で、一番変えられるチャンスが大きいのは、多分「今」だけです。しかも今すぐ変えられます。

タイムトラベラーじゃないから、過去も未来も手が出せません。

だから、同じ「今」を過ごすなら、少しでも笑って過ごすのがいいと思うんです。

いつか過去になる今を笑って過ごせば、未来の自分が思い出す過去を笑っていた記憶に変えることできます。それを、今の自分が作っています。

生きている時間の中で変えられるチャンスがあるのは「今」だけ

自分のモヤモヤ

64

つらいことばかりだと感じる

人生には…
良い時も
悪い時も
幸せな時も
つらい時もある
つらい時は真っ暗な
暗闇にいるように
感じることもある…
でも…
真っ暗な所に
いたから…
光がよく
見えたんだと
思う…
人生でつらい時は…
必要な時間
だったの
かもなぁ…
しみじみ…
つらい時だからこそ
見えるものがある…

生きていると、つらいことも楽しいこともあり、時には、気持ちが真っ黒になったり、自分がいる場所が暗闇のように感じたこともあります。幸せそうな人や場所が、手の届かない所で輝く光のようにまばゆく感じたことを覚えています。

今だから思うのですが、人生の中で光と闇があるなら、暗闇を少しでも知ることができて良かったと思います。多分、順風満帆に生きてきたら見えないことが沢山ありました。自分にとって何が幸せかわからないと言う人もいますが、人って、つらい時の方が本当に望んでいた幸せがよく見えるのかもしれません。

これから先、また暗闇に戻る日が来るかもしれないし、目指していた光の場所が変わることもあるかもしれません。でも、それでいいのだと思います。こうやってぐるぐると迷いながら前に進んでいくのだと思います。

つらい時はこう考えてみて下さい。つらい時だからこそ見えるものもある。幸せへの道標を見つけることができる。今だから思うことです。

暗闇を知っているからこそ、見つけられる幸せがある

解説――

「愛されたい人へ」

精神科医 名越康文

この本のタイトルを見せられた時、なるほどなーって声が出ました。絶妙ですよね。きっとそいつ、何でもない顔してパフェ食ってるよって。でもこれって怖いことでもあります。それは悪口を言われた側のことではないんです。

いや、もちろん悪口や心無いことを書かれたほうのやるせない、モヤモヤした気分、もっと言えばそこから引き起こされる怒りや、不安や、憤りは半端ない。

相手はマッチで火をつけた程度にしか思っていないのだろうけれど、そこから燃え広がって、当人の心は何平方キロと類焼してゆくことすらあるでしょう。

でももっと怖いのが、そういう言葉を吐いた方の心ですね。本当は結構大きな影響があると、僕は密かに思っているんです、水面下に隠れた無意識のところで。

無意識を解剖学的に置き換えていうと、古い脳の部分、人間がまだ他の動物と変わりがなかった古代の頃から備わっている脳の働きのこととも言えると思います。

その古い脳は、現代の人間の心においてもとても重要な働きをしていて、それを無意識（潜在意識）と言ってもよいと思うのですが、この部分ってなんせまだ人間が「自分」とか「自己」というものを明確に意識する以前から存在するものだから、主語というものがわかっていない、という説があるんです。

ということはどういうことになるかというと、人の悪口を言い放ったつもりが、実は自分の悪口として無意識に蓄積されてストレスを感じたり、自分のイメージに傷を与えているということになる。

だから人をけなして気分を鬱散していると、知らない間にどんどん自分が荒んでいくわけですね。


これは僕にとっても、誰にとっても言えるわけで、心とは本当はとっても厄介で、危険なものなんです。そんなものを四六時中持ち歩いていて、しかもSNSという、距離も時間も無視して人とつながってしまう世界まで持ち歩いて、人間というものは結局のところ、とてつもない「心中毒《こころ》」の状態なんでしょうね。二十一世紀は、本気で心の取り扱いマニュアルが必要な時代になると思います。

じゃあ心がそんな厄介な代物なら、専門家に任せるしかないのかというと、絶対そうじゃあないんですね。

だって心は、最後は自分の心を通じて研究するしかないからです。

この本には、著者が長年SNSに飲み込まれそうになりながら、苦労してひねり出した数々のいわば「裏技」にあふれています。

なぜ裏技と申し上げるかというと、SNSを生活を楽しくするツールとして使うには、完璧に使うことよりも、集中しすぎずにいい加減に使うことが必要で、そのいい加減さのコツをどう身につけるかが一つの〝技〟なんだろうと思うからです。

一方では、ここに書かれているノウハウは、そのまま日常の対人関係にも通用するものばかりだと思います。人の見方は人それぞれ。そういくらわかっていても、そのことを実践していくのは骨が折れます。

二十世紀においては、付き合いたくない人とは付き合わなくてもよかった。それでも家族や上司、あるいはクラスメートとは色々な揉め事やストレスがありました。それは、共同体である彼らとは空間を共有する必要があるので、いつも一緒にいることで傷つくことも多かったからです。

この閉じた空間の関係を、僕はあえて「噛み合う関係」と呼んでいます。

これまでは、距離が近過ぎて噛んだり噛まれたりする関係になってしまっていたのが、今ではまるで通りすがりの人にいきなり噛まれるような状況がＳＮＳで毎日のように起きる世界に、人間は既に生きています。

この本は万人に通用する内容が書かれた本ですが、特に、日ごろから人に「愛されたい」あるいは「嫌われたくない」と強く思い過ぎてつらい人には、是非読んでもらいたい気がします。

つながり過剰になった世界の新たな傷を少しでも癒したい、未然に防ぎたい。

そういった著者のあふれる愛が詰まった本だと言えるでしょう。

あとがき

この度は本書をお手に取って頂きありがとうございます。

この本を手にして下さったあなたと、作品を応援して下さった皆様と、仲間達と、出版の機会を下さった編集さんと出版社の方達に、まずはお礼を言わせて下さい。


あとがきに何を書こうか迷ったのですが…今回の出版にまつわる、ちょっと不思議なご縁の話をしようと思います。

七年ほど前、私は今後の作品の方向性に迷っていました。

それまで絵や絵本を描いていたのですが、文章での表現を増やしたい、でもそれをやると敷居も上がってしまう。その時にたまたま手にしたのが『星の王子さま』のバンドデシネ（フランスコミック版）でした。

元々『星の王子さま』が大好きだったのですが、「マンガだと文章を読むのが苦手な人にもわかりやすくていいいな」と思いました。

その時にふと…「あ、マンガと文章の両方で書いてみよう！」と思ったんです。
そして、七年前にその本を出版したのが、今回お話を頂いたサンクチュアリ出版でした。

これだけでも十分ご縁を感じる話なのですが…。原稿の執筆も終わりに近づいたころになぜかこの話を編集さんに一度も話してないことを思い出して話したんです。
そうしたらとてもびっくりした顔をされて…。その本を手がけた方が編集さんにとって恩師のような方だったらしく、これは本当にご縁があって頂いた話なのだなと思いました。

そんなわけで、今回この本を手に取って下さった方とも、この不思議なご縁が続いてくれることを願っています。
逢うべくして逢う人がいるように、この本があなたにとって逢うべくして出会った一冊となれますように。

JAM

多分そいつ、今ごろパフェとか食ってるよ。

2018年 7月20日　初版発行
2025年 5月26日　第42刷発行（累計33万3千部※電子書籍を含む）

著者　Jam
監修　名越康文

デザイン　井上新八
DTP　小山悠太
営業　市川聡・石川亮（サンクチュアリ出版）
編集　大川美帆（サンクチュアリ出版）
進行管理　成田夕子（サンクチュアリ出版）
広報　岩田梨恵子／南澤香織（サンクチュアリ出版）

印刷・製本　株式会社 シナノ パブリッシング プレス

発行者　鶴巻謙介
発行所　サンクチュアリ出版
〒113-0023　東京都文京区向丘2-14-9
TEL 03-5834-2507　FAX 03-5834-2508
https://www.sanctuarybooks.jp
info@sanctuarybooks.jp